물고기와 눈을 맞추다

물고기와 눈을 맞추다

🌢

낮
게
더
낮
게

글·사진 **명라연**

좋은땅

프롤로그

언젠가 다시 강물처럼 흐르기 위해, 나는 오늘도 물고기 꿈을 꾼다.

대학교 3학년, 교수님과의 면담에서 민물고기를 연구하고 싶다고 한 그날이었나, 아니면 어렸을 적 강에서 물고기와 함께 헤엄치던 그날이었나. 그 어느 순간부터 나는 '물고기를 사랑하는 사람'이었다. 물고기는 사람의 말로 대화를 하지도 못하고, 강아지처럼 쓰다듬을 수도 없는 생명체이지만, 물속에서 나를 바라보던 그 눈빛을 통해 나는 그들의 감정을 읽고 자유를 느꼈다. 강물을 타고 넘는 반짝이는 윤슬 아래에서 자유로이 노니는 생명체들을 바라볼 때면, 나 또한 물속의 한 존재가 된 듯했다. 민물고기를 연구하는 사람으로서 참 말도 안 되는 이야기이지만, 지금부터는 연구자가 아닌, 물고기를 사랑했던 한 사람으로서 이야기를 하려고 한다.

대학원 연구실에 출근하던 어느 아침, 아파트 단지 내 삼거리에서 불의의 교통사고를 당했다. 집 근처 오래된 슈퍼를 지나던 순간, 뒤에서 달려온 봉고차에 의해 길바닥에 쓰러졌고, 정신이 아득해지는 고통 속에서 푸른 하늘만을 바라보았다. 사고 이후 오른쪽 다리를 잃었고, 수차례의 수술과 긴 재활 끝에 다시 연구실로 돌아올 수 있었다.

여전히 민물고기를 연구하고 있지만, 이제는 전국을 누비며 현장에서 직접 관찰하기보다, 유전학 연구를 통해 물고기들의 삶을 이해하고 있다. 사고 이후 한동안 잃어버린 꿈을 그리워하며 힘든 시간을 보내기도 했지만, 긴 재활과 마음의 회복 끝에, 나는 다시 일상으로 돌아왔다. 다시 배우고, 다시 걷고, 다시 꿈꿨다. 과거의 기억은 여전히 소중하지만, 이제는 그 기억을 품은 채 앞으로 나아가려 한다. 물고기를 향한 사랑은 변함없기에, 연구자로서 새로운 길을 개척해 나가고자 한다.

  나는 다시 흐르고 싶다. 다시 자유롭게, 물고기와 함께 헤엄치고 싶다. 이 글은 그 열망의 기록이다. 물고기와 함께하는 세상으로 나아가기 위한 작은 다짐이다. 소중한 기억을 딛고 일어나 언젠가 다시 강물처럼 흐를 그날을 기다리며 이 글을 남긴다.

목차

프롤로그 ○ 4

자연의 놀이터 ○ 8
낯선 길을 걷게 된 날 ○ 12
조력자, 그리고 첫 수중촬영(광양 백운산 계곡) ○ 17
자연스러움에 대한 고민 ○ 21
강물 속으로 ○ 23
귀한 손님 ○ 32
어린 새미 ○ 38
꼭꼭 숨어라 머리카락 보일라 ○ 43
발밑을 조심하세요 ○ 48
채집과 수중촬영 ○ 53
봄날의 상처 ○ 57
발자국의 크기 ○ 62
은신의 귀재 ○ 67

거리두기	○ 71
물고기와 눈을 맞추다	○ 76
인생은 실전이다(수중촬영의 현실)	○ 81
마음이 가다	○ 84
물속의 단풍	○ 88
가장 자유로운 순간	○ 92
처음 만난 사이	○ 99
수중촬영의 조건	○ 104
우리 고장의 민물고기 사진전	○ 107
어느 멋진 날, 물고기의 하루	○ 111
자연에 빠지다	○ 116
낮게 더 낮게	○ 122

자연의 놀이터

어릴 적 내가 살던 동네는 정말 시골이었다. 지하철은커녕 읍내로 가는 버스도 하루 몇 번밖에 없던, 흔히 말하는 깡촌. 아이들이 놀 만한 곳이라곤 녹슨 미끄럼틀 하나 있는 작은 놀이터뿐이었다. 삐걱거리는 그네, 비릿한 철 냄새가 나는 미끄럼틀을 뒤로하고, 우리 동네 아이들은 집 앞 낮은 산과 바다를 놀이터 삼아 뛰어놀았다.

특히 유난히 장난기 많던 나는 산 비탈길을 미끄럼틀 삼아 오르고 또 내려오기를 반복하다 흙투성이가 되어 집으로 돌아오는 일이 다반사였다. 하루는 동네 동생을 데리고, 아이 발걸음으로는 꽤 먼 해수욕장까지 게를 잡으러 간 일이 있었다. 동네가 발칵 뒤집힐 정도로 난리가 났던 그날을 생각하면, 친척 어른들이 아직도 고개를 절레절레 흔드시는 이유를 알 것 같다. 어릴 때의 나는, 그냥 장난꾸러기를 넘어, 지칠 줄 모르는 자연 속 탐험가였다.

말썽꾸러기에다 자연을 유난히 좋아하는 딸을 위해, 아버지는 시간을 내어 함께 놀아 주셨다. 비가 온 다음 날이면, 집 앞 텃밭으로 나가 상추 잎 사이에 숨어 있는 달팽이를 찾아 주셨다. 뒷밭을 일구다 나온 굼벵이를 조심스레 들어 보이며 관찰하는 방법을 알려 주시기도 했다.

때론 집 앞 논을 함께 걸으며, 저마다 다른 목소리로 울어 대는 개구리들을 찾아다녔다.

여름밤이면 산 아래 샘물가로 가서, 손바닥 위에 살짝 얹힌 반딧불이를 보여주시곤 했다. 아버지는 노란 호박꽃 속에 반딧불이를 조심스레 넣어 주셨고, 나는 꽃잎 사이에서 은은하게 빛나는 작은 생명의 빛을 숨죽이며 바라보았다. 그렇게, 자연은 우리들만의 놀이터가 되어 주었다.

여름이면 차로 30분 거리에 있는 왕피천으로 자주 놀러 갔다. 물을 좋아했던 내게 그곳은 세상에서 가장 신나는 놀이터였다. 강에 도착하자마자 수경과 오리발을 착용하고, 뜨거운 햇살을 피해 한껏 물속으로 뛰어들었다. 인기척에 놀라 물고기들은 사방으로 흩어졌지만, 이내 몸을 낮추고 천천히 헤엄치자 하나둘 다시 내 옆으로 다가왔다.

은빛 비늘을 반짝이며 피라미 떼가 옆을 스치고, 조금 떨어진 바위 아래에서는 주황빛 돌고기 무리가 물살을 타고 있었다. 내 앞에서는 조그마한 꺽지 한 마리가 넘실넘실 돌 위를 넘어다니다 재빠르게 헤엄쳐 갔다. 잔잔히 흐르는 물살과 함께, 나는 마치 물고기들과 한 몸이 된 것 같았다. 그날, 강바닥을 일렁이던 따뜻한 햇살과 반짝이던 작은 생명들은 내 마음속 깊은 곳에 자리 잡아, 지금까지도 선명하게 빛나고 있다.

자연 속에서 자란 기억들은 차곡차곡 쌓여, 나를 자연을 사랑하는 사람으로 만들어 주었다. 처음 보는 새를 발견하면 시간 가는 줄 모르고 쫓아다녔고, 매미의 우화를 지켜보느라 모기에 잔뜩 물리는 것도 잊었다. 물고기를 관찰하느라 숨 쉬는 것조차 잊을 만큼, 나는 자연과 하나가 되어 자랐다.

특히 왕피천의 강물 속에서 물고기들과 함께 헤엄치며 보낸 시간들은, 지금도 민물고기를 찾아 강물 속으로 주저 없이 뛰어들 수 있는 용기를 내게 준다.

  어릴 적 드넓은 자연을 놀이터 삼아 뛰어놀았던 그 모든 순간들이, 지금의 나를 만들었고, 앞으로도 자연을 무대로 꿈을 펼칠 수 있게 든든히 등을 밀어 주고 있다.

반딧불

1학년 3반 명라연

더듬이가 부러져

언니, 아빠 왔어 아까 잡았을 때
아빠! 날개가 좀 찢어졌나봐
그래, 아빠가 반딧불 가져왔다 자 이제 다 봤으니
어딨는데? 날려보내주자
장갑속에, 불꺼봐 밖에다 날려 보내주었다
자 이제 장갑 연다
와! 불빛 봐? 흘 흘 반딧불이
나 먼저 볼래 날아 간다
안 돼!
왜 안 되는데요?

반딧불 시

낯선 길을 걷게 된 날

2016년, 대학교 3학년 1학기. 교수님과의 면담 시간이 찾아왔다. 그때 나는 '동물 생태학을 전공하고 싶다'는 막연한 바람만 있었을 뿐, 구체적인 진로에 대해 깊이 고민해 본 적은 없었다. 잔뜩 긴장한 채 앉아 있는 나에게 교수님께서 물으셨다.

"앞으로 뭘 전공하고 싶어?"

나는 망설임 없이 대답했다.

"동물 생태학을 전공하고 싶습니다."

하지만 교수님은 고개를 끄덕이지 않으셨다.

"그러니까, 동물 생태학 중에서도 어떤 걸 연구하고 싶은데?"

순간, 머릿속이 하얘졌다. 나는 단지 동물을 좋아해서, 동물과 관련된 무언가를 하고 싶었을 뿐인데, 그중에서도 '무엇'을 골라야 한다니. 모든 동물이 다 좋은데, 하나를 콕 집어야 한다는 사실이 당혹스러웠다. 그렇게 입안에서 굴러 나온 말은, 생각보다 빠르고 급했다.

"민물고기 생태학을 연구하고 싶습니다."

사실, 민물고기를 특별히 잘 아는 것도 아니었다. 어릴 때부터 취미로 열대어를 키워 왔고, 시골에서 민물고기를 자주 보며 자란 기억이 떠올랐을 뿐이다. 순간적으로 내린 그 대답이, 이후 나의 졸업 논문 주제를, 전공을, 나아가 미래의 방향까지 결정해 버렸다.

  그때는 몰랐다. '민물고기'라는 한 단어 속에 얼마나 다양한 세계가 숨어 있는지, 그리고 얼마나 깊고 넓은 연구들이 이루어지고 있는지를.

· · · · · · · · · · · · · · ·

  교수님 앞에서 민물고기 연구를 하겠다고 덜컥 말해 버린 이상, 이제는 내 말에 책임을 져야 했다.

  하지만 당시 내가 아는 민물고기라고는 피라미, 버들치, 돌고기, 꺽지 정도에 불과했다. 하루빨리 공부해서 내 무지를 감춰야 했다.

  그렇게, 민물고기를 향한 나의 혹독한 첫걸음이 시작되었다.

  5월부터 연구실 선배의 민물고기 채집에 동행하기 시작했다. 낙동강의 한 지류를 따라 채집을 다녔는데, 허벅지까지 푹푹 빠지는 모래강을 성큼성큼 걸어가는 선배를 뒤따르느라 온몸이 빠르게 지쳐 갔다. 거센 물살과 푹신한 모래 바닥은 나를 번번이 휘청이게 했고, 물을 머금은 족대 무게에 휘청거리며 돌을 밟고 미끄러지기도 했다.

모래강 위의 나

  나는 거칠게 숨을 몰아쉬며 마음속으로 빌었다.

  '제발, 여기서 무사히 살아서 돌아가게 해 주세요.'

선배는 내게 족대질하는 법을 가르쳐 주었고, 나는 작은 족대를 움켜쥔 채 물살을 견디며 고군분투했다. 민물고기 채집은 결코 쉬운 일이 아니었다.

피라미　　　　　　　　　참쉬리

참마자　　　　　　　　　꺽지

　선배의 뒤를 쫓으며 물고기를 잡고, 종을 구별하는 방법을 배우는 동안, 나는 점점 더 절실하게 느꼈다.
　'언젠가는 나도, 혼자 민물고기를 채집하고 연구할 수 있는 사람이 되어야 한다.'
　하지만 아직은 아니었다. 누군가 당장 나에게 스스로 채집하고 동정을 할 수 있냐고 묻는다면, 쉽게 고개를 끄덕일 수 없을 것 같았다.

· · · · · · · · · · · · · · ·

11월. 날이 부쩍 쌀쌀해지고, 마음은 더 조급해졌다.

나는 결국, 혼자 채집에 나서기로 결심했다. 장비라고 해 봐야 가슴장화 한 켤레, 작은 족대 하나, 그리고 물고기를 담을 비닐봉투 몇 장이 전부였다.

인터넷을 뒤져 사람들이 민물고기를 잡으러 자주 간다는 왕숙천을 알게 되었고, 지하철과 버스를 번갈아 타며 두 시간 반을 달려 그곳으로 향했다. 도착한 왕숙천은 조용했다. 사람 하나 보이지 않는 강가를 바라보며, 괜히 어설픈 채집 실력을 들키지 않게 되어 안도했다.

주변을 살펴본 뒤 나는 주섬주섬 가슴장화를 꺼내 입고 물속으로 걸어 들어갔다. 한 손에 족대를 든 채, 물속의 큰 돌을 들어 보고, 자갈을 발로 헤치고, 수풀을 헤집으며 물고기를 잡기 시작했다. 그렇게 숨 가쁘게 뛰어다니는 동안, 익숙한 돌고기뿐 아니라 도감에서만 보았던 돌마자, 새코미꾸리, 대륙종개, 그리고 동자개까지 채집할 수 있었다.

강바닥에 털썩 주저앉아, 촬영 수조에 물고기들을 하나하나 옮겨 담았다. 조심스럽게 수조 안을 들여다보며 사진을 찍었고, 사진을 남긴 물고기들은 다시 강물 속으로 부드럽게 풀어 주었다.

유유히 흘러가며 헤엄치는 물고기들을 바라보는 동안, 문득 이런 생각이 스쳤다.

'이 낯선 길이, 생각보다 꽤 괜찮은 걸지도 몰라.'

강바닥 위로 일렁이는 햇살, 물방울처럼 반짝이는 민물고기들, 그리고 코끝을 스치던 차가운 바람까지. 모든 것이 어쩐지 따뜻하게 느껴졌다.

아직은 서툴고 모자라지만, 나는 분명, 내 길을 걷기 시작하고 있었다.

돌고기

돌마자

새코미꾸리

대륙종개

동자개

조력자, 그리고 첫 수중촬영
(광양 백운산 계곡)

민물고기 채집을 시작하게 되었다는 소식이 전해지자, 삼촌은 곧장 이렇게 말씀하셨다.

"방수카메라가 필요하겠구나!"

삼촌은 사진 찍는 것을 취미로 삼는 우체부였다. 자연을 사랑하는 삼촌에게, 조카가 민물고기 연구를 시작한다는 이야기는 무엇보다 반가운 소식이었을 것이다. 나는 핸드폰 카메라로도 충분할 거라고 생각했다. 방수카메라라 하면 몇 백만 원을 호가하는 다큐멘터리 감독용 장비들만 떠올렸기 때문이다. 그러나 삼촌의 의지는 확고했다. 조카가 걸어가려는 새로운 길에 힘이 되고 싶다는 마음이 진심으로 전해졌다. 다행히 열심히 인터넷을 뒤진 끝에, 수심 15미터까지 방수가 가능한 저렴한 레저용 카메라를 찾아낼 수 있었다. 그렇게 삼촌의 지원을 받아, 내 인생 첫 방수카메라, 올림푸스 TG-4를 손에 넣게 되었다.

카메라를 손에 넣고 몇 달 뒤, 삼촌과 함께 광양의 한 계곡으로 가족 여행을 떠났다. 나는 수경을 끼고, 한 손에는 방수카메라를 들고, 여름 땡볕을 피해 서둘러 물속으로 뛰어들었다. 물속은 물 밖과는 완전히 다른 세계였다. 햇살이 물결을 따라 반짝였고, 물고기들은 자유롭게 유영하고 있었다. 수컷 참갈겨니는 혼인색을 뽐내며 물살을 가르고, 작은 버들치들은 금빛 비늘을 반짝이며 스쳐 갔다. 그 광경은 말 그대로 장관이었다.

첫 수중촬영, 참갈겨니 수컷

나는 그 아름다움을 사진에 담고 싶어 카메라를 들고 이리저리 헤엄쳤지만, 생각처럼 쉽지 않았다. 카메라를 내미는 순간마다 민첩한 물고기들은 순식간에 흩어져 도망쳤다. 물속 생명들은 내 예상을 훨씬 뛰어넘는 속도로 반응했다. 한참 동안 허탕을 치던 중, 바위 틈에 조심스럽게 숨어 있는 동사리 한 마리를 발견했다. 빠르게 도망치는 참갈겨니나 버들치와 달리, 가만히 은신하고 있는 동사리는 비교적 사진으로 담기 쉬워 보였다.

나는 목표를 바꿨다. 몸이 자꾸 물 위로 뜨려 하자, 바위틈에 발을 디디고 물속에서 자세를 고정했다. 그리고 깊은 곳에 숨어 있는 동사리를 찍기 위해 숨을 길게 참으며 여러 번 잠수를 반복했다.

한참 후, 바위 위에 쪼그려 앉은 삼촌과 아버지는 물속에서 끝없이 버둥거리는 나를 지켜보고 있었다. 나의 집념과 "꼭 찍어 내고야 말겠다"는 고집스러운 몸짓은 보는 이들의 웃음을 자아냈을지도 모른다. 카메라 배터리가 모두 닳을 때까지, 나는 수십 번이나 물속을 오르내렸다. 그리고 마침내, 동사리의 모습을 카메라에 담아낼 수 있었다.

동사리(플래시 터뜨림)

동사리

하루 종일 물속에서 시간을 보내고 집으로 돌아온 뒤, 나는 촬영한 사진들을 확인했다. 물속은 생각보다 어두웠고, 민물고기 촬영은 예상보다 훨씬 더 어려웠다. 대부분

수중촬영 중인 나의 모습

의 사진들은 뿌옇거나, 어둡거나, 초점이 빗나가 있었다. 하지만 그 가운데에서도 몇 장은 분명히 쓸 만한 사진이 있었다. 집념의 결과였다. 무엇보다 놀라웠던 것은, 몇 시간이나 숨을 참고 자맥질을 하며 사진을 찍는 동안에도 단 한순간도 지루하거나 힘들지 않았다는 사실이었다.

그리고 나는 비로소 알게 되었다.

물속에서 물고기와 같은 눈높이로 서로를 바라볼 수 있다는 것, 그 경험이 얼마나 가슴 벅찬 일인지를.

그날, 광양의 맑은 계곡에서, 나는 민물고기와 나만의 첫 번째 대화를 시작했다.

자연스러움에 대한 고민

2016년 겨울, 나는 처음으로 한국어류학회에 참여했다. 그곳에서 나와 비슷한 관심사를 가진 또래 친구들을 만나게 되었고, 그때부터 나는 거의 매달 채집을 나가기 시작했다. 친구들과 함께 한강, 금강, 섬진강, 낙동강 수계를 넘나들며, 족대를 들고 물가를 누볐다. 채집을 거듭할수록 내 족대에는 점점 더 다양한 민물고기들이 담겼고, 머릿속에는 민물고기에 대한 지식들이 차곡차곡 쌓여 갔다. 채집한 물고기들은 관찰 수조에 옮겨 담아 사진을 찍었고, 물속에서 만난 다양한 생명들은 하나둘 내 기록 속에 자리 잡기 시작했다.

하지만 채집한 물고기의 수가 늘어날수록, 내 마음속에는 점점 더 근본적인 질문들이 떠올랐다.

'민물고기의 자연스러운 모습은 무엇일까?', '어떻게 해야 그들의 자연스러운 모습을 볼 수 있을까?', '최대한 민물고기를 괴롭히지 않고 관찰할 수 있는 방법은 없을까?', '족대 속에서 펄떡이는 물고기의 모습이 과연 진짜 자연스러운 모습일까?' 하는 질문들이었다.

이 고민들은 쉽게 사그라들지 않았다. 몇 달 동안 채집을 계속하면서도 마음 한구석은 늘 불편했다. 족대질이 물고기에게 직접적인 큰 피해를 주지는 않을지 몰라도, 채집 과정에서 돌을 뒤집고 수풀을 헤치는 행위가 서식처를 훼손한다는 사실을 부정할 수 없었다. 또한 물속에서 살던 물고기를 물 밖으로 꺼내 관찰하는 순간, 이미 그들의 본래 모습은 사라져 버린다는 것도 분명했다. 나는 그들의 터전을 건드리지 않고, 물고기의 일상을 방해하지 않으면서, 고요히 관찰할 수 있는 방법을 찾고 싶었다.

가장 먼저 가족들과 이 고민을 나누었다. 다슬기 채집통을 이용하는 방법, 내시경 카메라를 사용하는 방법, 수중카메라를 활용하는 방법 등 다양한 아이디어가 오갔다. 결론은 단순했다. 물속에 사는 생명을 제대로 보기 위해서는, 결국 내가 직접 물속으로 들어가야 한다는 것. 당연한 이야기였지만, 막상 그렇게 생각하니 또 다른 고민들이 꼬리를 물었다. '어떻게 해야 내가 물속으로 들어갈 수 있을까?', '내가 물속에 들어간다면 정말 물고기들에게 방해가 되지 않을까?', '물속에서는 어떤 방법으로 그들의 모습을 관찰할 수 있을까?' 하는 질문들이 이어졌다.

사실, 답은 이미 알고 있었다. 광양의 계곡에서 경험했던 것처럼, 물속 세상을 사진과 영상으로 담는 것, 수중촬영이 해답이었다. 그러나 마음만 먹는 것과 실제로 시작하는 것은 전혀 다른 문제였다. 물속에 들어갈 때 필요한 장비는 무엇인지, 장비 없이 수경과 카메라만으로 가능한지, 수중촬영을 하려면 물이 맑아야 할 텐데 서울 근교에 그런 곳이 있을지— 걱정과 망설임이 꼬리에 꼬리를 물었다. 수중촬영을 시작해야겠다는 결심은 서 있었지만, 아직 그 길 앞에서 나는 오래도록 망설이고 있었다.

강물 속으로

    2017년 초여름, 가족들과 함께 가평천으로 여행을 떠났다. 사실 이번 여행은 가족여행이라는 이름을 빌려 민물고기를 보러 가고 싶다는 나의 작은 소망 때문이었다. 가평천에 도착하자마자 나는 서둘러 짐을 옮기고 가슴장화를 껴입었다. 한 손에는 족대를 들고 강가로 발걸음을 옮겼다.

    '스르륵—' 한 발 내디뎠을 뿐인데, 발밑에서 미끄러지는 소리가 들렸다. 유혈목이 한 마리가 목을 치켜세운 채 나를 바라보고 있었다. 나도 모

목을 치켜든 유혈목이

헤엄쳐 가는 유혈목이

르게 걸음을 멈추자, 유혈목이는 경계심을 풀고 유유히 강물 속으로 사라졌다. 놀란 가슴을 쓸어내리고, 뱀이 있던 자리를 크게 돌아 내려가 다시 강으로 들어섰다.

  처음에는 익숙한 방식대로 족대로 민물고기를 채집했다. 참종개, 새코미꾸리, 배가사리, 미유기, 퉁가리, 쉬리… 한강 수계에 서식하는 다양한 민물고기들을 만날 수 있었다. 채집한 물고기들은 관찰 수조에 담아 사진을 찍었다. 하지만 사진을 찍던 중, 문득 이런 생각이 들었다. '수조 안이 아니라, 강물 속 자연스러운 모습을 찍고 싶다.'

참종개

새코미꾸리

배가사리

미유기

통가리

쉬리

강물 속 풍경

초여름의 강물은 생각보다 차갑지 않았다. 작년 광양 계곡에서 수중촬영을 했던 기억이 떠올랐다. 지금이라면 나도 다시 물속으로 들어갈 수 있을 것 같았다. 나는 가슴장화를 벗어 던지고 수경을 낀 채 카메라를 들고, 망설임 없이 강물 속으로 뛰어들었다.

얕은 곳에서는 큰 돌을 붙잡고 엉금엉금 기어다녔다. 햇살이 강물에 부서지며 물속을 황금빛으로 물들였다. 그 속에서 민물고기들은 저마다의 리듬으로 살아가고 있었다. 참종개가 바닥을 훑으며 천천히 움직였고, 참갈겨니와 쉬리는 물살을 거슬러 힘차게 헤엄쳤다. 조금 더 깊은 곳으로 나아가자, 손보다 큰 배가사리 무리가 물살을 타며 유영하고 있었다. 이것은 족대질로는 결코 볼 수 없는, 물고기들의 진짜 일상이었다.

참종개

자유로이 헤엄치는 물고기들

여울을 헤엄치는 배가사리

조금 더 용기를 내어 수심이 깊은 곳으로 다가갔다. 큰 돌 위에 여러 마리의 물고기들이 무리를 지어 무언가를 열심히 뜯어 먹고 있었다. 눈으로만 봤을 때는 돌고기 같았다. 하지만 수중촬영을 마치고 집에 돌아와 사진을 확인한 순간, 나는 깜짝 놀랐다. 그들은 바로 멸종위기 야생생물 Ⅱ급, 가는돌고기였다. 십여 마리의 가는돌고기들이 무리 지어 바위 위에서 먹이활동을 하는 모습은 경이로웠다.

가는돌고기의 먹이활동

광양에서 처음 물속으로 뛰어들었던 순간처럼, 이제서야 나는 물고기들의 일상을, 그들만의 고요한 삶을 비로소 눈앞에서 마주할 수 있었다.
해가 산 너머로 기울 무렵, 나는 천천히 물 밖으로 나왔다. 남은 햇살에

참갈겨니와 가는돌고기

젖은 몸을 말리고, 가족들과 함께 저녁 식사를 한 뒤 집으로 돌아왔다. 집에 돌아와 카메라 속 사진과 영상을 들여다보며, 그날의 물속 풍경을 다시 떠올렸다. 촬영물 속에는 물살을 거슬러 오르는 물고기들의 힘찬 모습, 무리 지어 먹이를 먹던 생생한 순간들이 고스란히 담겨 있었다.

  편집을 하면서, 나는 다시 한번 확신했다. 수중촬영은 민물고기의 진짜 모습을 가장 아름답게 기록할 수 있는 방법이라는 것을.

귀한 손님

수중촬영을 하다 보면, 때때로 예상치 못한 귀한 손님과 마주할 때가 있다. 그중에서도 가장 기억에 남는 만남을 꼽자면, 단연 다묵장어를 처음 만났던 순간이다.

다묵장어는 이름처럼 몸이 길고 턱이 없는 무악(無顎)어류로, 멸종위기 야생생물 Ⅱ급에 해당하는 민물고기다. 어린 유생 시기에는 흡반과 지느러미가 없고, 눈이 피부 속에 묻혀 있어 지렁이처럼 보인다. 이들은 주로 낙엽층이나 모래, 펄 층에 몸을 숨긴 채 유기물을 걸러 먹으며 살다

모래 속을 파고드는 다묵장어 유생

가, 약 4년이 지나 겨울이 되면 지느러미와 흡반이 생기고 눈도 피부 밖으로 나오면서 성어(어른 물고기)의 모습을 갖춘다. 성어가 된 다묵장어는 더 이상 먹이를 먹지 않고, 4월에서 6월 사이 산란기에 들어가 수컷과 암컷들이 무리를 지어 자갈이 깔린 강바닥에 알을 낳는다.

다묵장어 성어를 처음 만난 것은 2017년 5월 초, 강원도의 한 하천에서였다. 친구들과 함께 채집과 수중촬영을 하던 중, 물속에서 회색빛 얇고 긴 생물이 꿈틀거리는 모습을 발견했다. 뭉툭한 머리 모양과 양쪽 아가미구멍을 확인한 나는 재빨리 친구들을 불렀다. 크기로 봐도 40~50cm까지 자라는 칠성장어와는 달랐고, 약 20cm 남짓한 작은 몸집은 다묵장어가 틀림없어 보였다.

다묵장어

| 돌에 붙어 있는 다묵장어 | 다묵장어의 머리 부분 |

하지만 이 다묵장어의 행동은 조금 이상했다. 물살을 타며 이동하다가, 적당한 자갈을 발견하면 흡반으로 돌에 달라붙었다가 다시 다른 곳으로 옮겨 붙기를 반복했다. 또, 바닥이 모래로 된 곳에서는 몸을 90도로 굽혀 꼬리로 모래를 파헤치기도 했다. 자세히 살펴보니 생식기 부위가 붉게 부풀어 올라 있었다. 다묵장어는 보통 산란할 때 암컷과 다수의 수컷이 무리를 이루어 산란하는데, 이 개체는 홀로 산란 행동을 하고 있었다.

나는 서둘러 카메라를 들고 촬영을 시작했다. 내가 다가가 카메라를 들

다묵장어의 산란 행동

이대도, 다묵장어는 아랑곳하지 않고 자갈에 흡반을 붙였다가 다시 다른 돌을 찾아 넘실넘실 헤엄쳐 갔다. 모래 바닥을 파헤치려는 행동은 계속 반복되었고, 그 모습은 오랜 시간 물속에서 나를 사로잡았다.

촬영을 마치고 돌아온 뒤, 나는 같은 연구실 박사님께 이 다묵장어에 대해 여쭈었다. 박사님은 생식기가 튀어나온 개체는 수컷이며, 암컷은 생식기 부위가 오히려 움푹 들어가 있다고 설명해 주셨다. 하지만 왜 혼자 산란 행동을 하고 있었는지에 대해서는 한국에서 연구된 바가 없었다.

나는 답을 찾기 위해 일본에서 다묵장어를 연구한 논문들을 찾아 읽었다. 일본의 연구에 따르면, 다묵장어는 4월 중순부터 5월 말 사이에 자갈이 깔린 하천 바닥에서 산란하며, 당시 평균 성비는 암컷 1에 수컷 2.8 정도였다. 또한 산란이 진행될수록 다묵장어 무리는 점차 상류 쪽으로 이동한다고 기록되어 있었다.

우리가 다묵장어를 발견한 하천은 높은 보(댐) 아래에 있었고, 보로 인해 상류로의 이동이 막혀 있었다. 아마도 대부분의 개체들은 이미 산란을 마치고 하류로 이동했거나, 다른 곳으로 퍼져 간 상황이었을 것이다. 그리고 남겨진 이 한 마리 수컷은, 여전히 본능을 따라 마지막까지 자리를 지키고 있었던 것이다.

그날 물속에서 조용히 넘실거리던 작은 생명은, 자연이 얼마나 복잡하고 섬세한 세계인지를 다시금 깨닫게 해 주었다. 나는 그렇게, 귀한 생명의 순간을 담아낼 수 있었던 소중한 하루를 가슴에 새겼다.

유튜브 비삼공삼 채널 다묵장어 영상(QR 코드) ▶

다묵장어가 발견된 장소

어린 새미

　얼룩말은 몸에 줄무늬가 있어 여러 마리가 모이면 포식자의 눈을 흐릴 수 있다. 어린 사슴은 몸에 흰 점이 있어 풀숲 속에 자신을 숨긴다. 아마도 비슷한 이유로, 어린 시절 몸을 가로지르는 검은 선을 지닌 민물고기가 있다. 바로 새미다.

　포천의 한 계곡으로 수중촬영을 하러 간 적이 있다. 막 펜션 공사가 시작된 공터 옆, 계곡이라기보다는 좁고 얕은 도랑 같은 물길이 이어져 있었다. 그 옆으로는 나무들이 우거진 작은 숲이 있었다. 물길 위로 드리운 나무 그늘 사이로 햇살이 쏟아지고, 바닥에는 붉게 물든 낙엽들이 겹겹이 쌓여 있었다. 나는 물길 옆에 서서 조심스레 물속을 들여다보았다. 3cm 남짓한 작은 물고기 떼가 이리저리 움직이고 있었다. 하지만 물 밖에서는 어떤 물고기의 치어인지 구별할 수 없었다. 혹시나 밟을까 조심스레 한 발, 또 한 발 물속으로 발을 디뎠다. 그러자 작은 물고기 떼는 순식간에 흩어졌다.

　숨을 죽이며 기다리기를 한참, 도망갔던 물고기들이 서서히 돌아오기 시작했다. 나는 물에 조심스럽게 카메라만 집어넣고 셔터를 눌렀다. 하지만 화면을 보지 못한 채 셔터만 눌러 대니, 제대로 된 사진이 찍힐 리 없었다.

한참을 엉뚱한 물속만 찍다가, 차츰 물고기들을 가만히 관찰하기 시작했다. 물의 상층을 떠도는 더 작은 치어들은 아마 참갈겨니 치어였고, 중하층을 오가는 물고기들은 새미 치어로 보였다. 친구들이 하류에서 채집해 온 새미 성어를 보고서야 치어의 정체를 추측할 수 있었다.

새미 성어(수컷)

움직이지 않고 조용히 서 있자, 새미 치어들은 점점 나를 경계하지 않게 되었다. 그들은 내 장화 주변까지 다가와, 돌을 쪼아 가며 먹이활동을 시작했다. 수중촬영을 하며 경험으로 알게 된 것 중 하나는, 치어가 성어보다 훨씬 경계심이 덜하다는 것이다. 역시나 시간이 지날수록, 어린 새미들은 내 발치로 더욱 가까이 다가왔다.

새미 치어들

나는 새미 치어들에 둘러싸인 채 옴짝달싹할 수 없는 상태가 되었다. 움직일 수 있는 건 손에 쥔 카메라뿐이었다. 가슴장화를 입고 있었기에 물속 화면을 볼 수는 없었지만, 대략적인 거리를 어림잡으며 천천히 카메라를 움직여 셔터를 눌렀다. 수십 장을 찍은 끝에, 물 밖으로 카메라를 꺼내 사진을 확인했다. 다행히, 사진 속에는 작은 새미 치어들이 바글바글 담겨 있었다.

먹이활동하는 새미 치어

사진 속 새미 치어들은 몸에 선명한 검은 선을 지니고 있었다. 그런데 친구들이 채집해 온 새미 성어에는 그런 줄무늬가 없었다. 어릴 때 있었던 검은 선이 성장하면서 서서히 사라지는 것이었다.

새미처럼 어린 시절 몸에 줄무늬가 있는 민물고기들이 몇 있다. 돌고기와 참중고기, 그리고 쉬리 정도. 쉬리는 성어가 되어도 줄무늬가 남아 있으니 제외하고, 돌고기와 참중고기는 새미처럼 어릴 때 머리부터 꼬리지느러미 시작 부위까지 검은 줄이 이어졌다가, 자라면서 점차 흐려진다.

촬영을 마치고 돌아와, 사진 속 새미 치어들을 다시 찬찬히 바라보았다. 어린 새미들이 무리를 지어, 줄무늬를 지닌 채 물속을 누비는 모습은 마치 얼룩말 무리처럼, 포식자의 눈을 흐리고 자신을 보호하기 위한 자연의 지혜처럼 느껴졌다. 작은 몸에 새긴 가느다란 검은 선 하나에도, 자연은 그렇게 치열한 삶의 방식을 품어 두고 있었다.

검은 선이 선명한 새미 치어들

꼭꼭 숨어라 머리카락 보일라

　수수미꾸리의 학명은 *Kichulchoia multifasciata*다. 이름 속 *multifasciata*는 '많은 줄무늬'를 뜻한다. 말 그대로 수수미꾸리는 몸에 규칙적인 줄무늬가 많고, 얼굴에는 좁쌀처럼 작은 점무늬가 박혀 있는, 특별한 물고기다. 나는 낙동강의 한 지류에서 처음으로 이 작은 생명을 만날 수 있었다.

　강변은 수풀이 우거져 있었고, 푸른 물이끼가 덮인 자갈과 돌 위로 깨끗한 강물이 흐르고 있었다. 친구들은 족대를 들고 채집을 하러 떠났고, 나는 얕은 수심에 무릎을 꿇고 하나둘 돌을 뒤집기 시작했다. 목표는 오직 하나, 수수미꾸리를 촬영하는 것이었다.

　한참을 강 이곳저곳을 뒤지다가, 돌 틈 사이에 숨어 있는 수수미꾸리를 발견했다. 수수미꾸리는 구깃구깃 몸을 접은 채 돌 틈에 숨어, 조심스럽게 나를 올려다보고 있었다.

　나를 바라보는 수수미꾸리의 눈에는 경계심이 가득했다. 혹시 놀라 도망칠까 봐, 나는 강바닥에 엎드린 자세 그대로 얼어붙었다. 그리고 바닥을 짚지 않은 한 손으로 조심스럽게 카메라를 들어 올려 수수미꾸리를 화면에 담았다.

　사진을 두어 장 찍었을까. 갑자기 다가온 낯선 존재에 놀란 수수미꾸리는 순식간에 포르르 다른 곳으로 헤엄쳐 사라졌다. 나는 열심히 눈으로

숨어 있는 수수미꾸리

그 뒤를 쫓았지만, 수수미꾸리는 수많은 돌 틈 어딘가로 이미 몸을 숨겨 버린 뒤였다.

다행히 친구들이 채집한 수수미꾸리를 관찰할 수는 있었지만, 자연 속에서 수수미꾸리의 있는 그대로의 모습을 사진에 담지 못했다는 아쉬움은 쉽게 가시지 않았다. 원하는 타이밍에 민물고기가 원하는 포즈를 취해 주기를 기대하는 건, 늘 자연 앞에서 무력해지는 나 자신을 깨닫게 했다. 수중촬영은, 언제나 생각보다 쉽지 않았다.

얼마 지나지 않아, 낙동강의 지류인 밀양강에서 다시 수중촬영을 할 기회가 찾아왔다. 나는 또다시 가슴장화를 신고 강바닥을 기어다니기 시작했다. 봄 햇살이 강물에 반사되어 눈이 부셨지만, 돌 아래에 숨어 있을 수수미꾸리를 찾겠다는 마음은 흔들리지 않았다. 저번처럼 놓치고 싶지 않았다.

친구들이 채집한 수수미꾸리

 이리저리 돌을 뒤집고, 자갈 틈을 살피며 강을 헤매던 중, 순간 움직임을 멈췄다. 커다란 돌 아래, 쭈뼛쭈뼛 눈치를 보던 수수미꾸리 한 마리와 눈이 마주쳤다. 수수미꾸리는 몸을 숨기고, 머리만 내밀어 조심스레 주변을 살피고 있었다.

 나 역시 숨을 죽이며 천천히 카메라를 들었다. 마치, 수수미꾸리와 치열한 눈치싸움을 벌이는 것 같았다.

 수수미꾸리는 한참을 망설이더니, 결국 미끄러지듯 돌 아래를 빠져나왔다. 작고 둥근 머리, 길고 늘씬한 몸통, 주황빛 수염과 바다 뱀을 닮은 가느다란 줄무늬. 몸빛은 이끼 낀 돌과 꼭 닮아, 눈을 부릅뜨고 보지 않으면 쉽게 놓쳐 버릴 것 같았다.

 수수미꾸리는 커다란 동그란 눈을 데룩데룩 굴리며, 아주 잠깐 나에게 포즈를 취해 주었다. 그리고는 호로록— 다시 다른 돌 틈 속으로 사라졌다.

주변을 경계하는 수수미꾸리

잠시였지만, 나는 자연 그대로의 수수미꾸리를 만날 수 있었다. 수많은 실패 끝에 찾아온 짧은 만남이었기에, 그 작은 몸짓 하나하나가 더욱 소중하게 느껴졌다. 언제나 자연은, 준비된 자에게 아주 짧은 선물처럼 순간을 허락해 주곤 한다.

◀ 수수미꾸리 영상(QR 코드)

밀양강의 수수미꾸리

위에서 본 수수미꾸리

발밑을 조심하세요

낙동강의 한 지류로 채집을 나갔던 어느 날이었다. 친구들은 족대를 들고 물속을 분주히 누비며 채집에 열중했고, 나는 화창한 5월의 날씨를 기회 삼아 수중촬영을 시작했다. 이번 촬영의 목표는 수수미꾸리였다. 전 세계에서 오직 우리나라 낙동강 수계에만 서식하는 특별한 미꾸리과 어종.

가슴장화를 입고, 카메라를 손에 쥔 채 나는 이리저리 강바닥을 기어다녔다. 수수미꾸리가 숨었을 법한 납작한 돌들을 하나하나 조심스럽게 뒤

눈에 띄던 큰 돌

둥지를 지키던 수컷 밀어

집어 가며 걸음을 옮겼다. 그러다 한참을 뒤지던 중, 크고 평평한 돌 하나가 눈에 들어왔다. 조심스럽게 돌을 들어올리자마자, 나는 작은 탄성을 터뜨릴 수밖에 없었다.

"앗!"

돌 아래에는 쌀알처럼 작은 물고기 알들이 수백 개 빼곡히 붙어 있었다. 그리고 그 옆에는 밀어 한 마리가 재빠르게 헤엄쳐 달아나는 모습이 보였다. 아마도 둥지를 지키던 수컷 밀어였을 것이다.

밀어 알들

알 속의 밀어 치어들

알 속에는 이미 작은 치어들의 검은 눈이 드러나 있었다. 알 속에서 몸을 꿈틀거리며 움직이는 작은 생명들을 바라보자 놀라움이 밀려왔고, 곧이어 당황스러움과 미안함이 가슴을 가득 채웠다.

나는 밀어의 알을 촬영한 뒤, 조심스레 돌을 원래 자리로 되돌려 놓았다.

'밀어 수컷이 다시 돌아와 알을 지켜 줄까?'

마음이 편치 않았다. 수수미꾸리를 찾기 위해 다시 돌을 뒤집을 엄두가 나지 않았다. 혹시 또 다른 둥지를 건드리게 될까 봐 걱정이 앞섰다.

쪼그려 앉아 밀어의 알을 바라보다가, 문득 고개를 들었다. 나는 강 한가운데에 서 있었다. 주위를 둘러보니 사방이 비슷한 크기의 돌들로 가득했다. 그 순간, 모든 돌들이 다 밀어의 둥지처럼 보이기 시작했다. 어디에 발을 디뎌야 할지, 어디는 반드시 피해야 할지 알 수 없었다.

내 무심한 한 걸음이, 누군가의 소중한 보금자리를 아수라장으로 만들 수도 있다는 사실이 실감 났다. 그때부터 나는 가능한 한 작은 자갈 위로만 발을 옮겼다. 더 이상 돌을 뒤집지 않고, 돌 틈 사이를 조심스럽게 살피며 수수미꾸리를 찾아다녔다. 다행히 돌 아래에서 빠져나와 헤엄치는 수수미꾸리를 촬영할 수 있었다. 그러나 그날, 가장 깊이 각인된 것은 수수미꾸리의 모습이 아니라, 강물 속 작은 생명들에게 내가 미치는 영향이었다.

촬영을 마친 뒤 물 밖으로 나오는 발걸음마저 조심스러웠다. 함께 온 친구들에게도 이야기했다.

"큰 돌 밑엔 밀어 알이 있을 수 있으니까, 작은 자갈 위만 밟자."

그날 이후, 강물 속을 걸을 때마다 나는 늘 생각한다.

보이지 않는 작은 생명들 또한, 이 강을, 이 세상을 함께 살아가고 있다는 것을.

채집과 수중촬영

 민물고기를 관찰하는 방법에는 여러 가지가 있지만, 나는 주로 족대를 이용한 채집과 수중카메라를 이용한 수중촬영을 사용해 왔다. 처음 민물고기 연구를 시작했을 때는 족대를 이용한 채집이 가장 효율적이며, 민물고기를 관찰하기에 적합한 방법이라고 생각했다. 그러나 채집을 반복할수록 민물고기 관찰에는 한계가 있다는 것을 느꼈고, 이후 수중촬영을 병행하게 되었다. 이 글에서는 내가 직접 경험한 민물고기 관찰 방법 두 가지, 즉 족대 채집과 수중촬영에 대해 소개하고자 한다.

▶ 채집과 수중촬영에 필요한 장비

 민물고기를 채집할 때는 주로 족대, 통발, 낚시 등의 장비가 사용된다. 연구 목적이나 어업을 위해서는 투망이나 그물도 사용되지만, 강에서 투망과 그물을 사용할 경우 반드시 관련 부처의 허가를 받아야 한다. 이 중 족대와 통발은 민물고기를 상처 없이 채집할 수 있어 많은 연구자들과 동호인들이 선호하는 방법이다.
 수중촬영을 위한 장비는 경우에 따라 다양하다. 가장 간단하게는 핸드폰을 방수팩에 넣어 촬영하는 방법이 있으며, 보다 본격적으로는 방수가 되는 레저용 카메라(예: 고프로, 올림푸스 TG 시리즈 등)를 사용하는 방법이 있다. 더 전문적인 촬영을 위해서는 카메라를 방수 하우징에 넣어 촬영하기도 한다. 다만, 방수 하우징과 전문 장비는 비용이 상당히 높기 때문에, 수중촬영을 처음 시작하는 경우에는 저렴한 레저용 카메라를 구입하는 것을 추천한다.

▶ 족대를 이용한 민물고기 채집

나는 주로 족대를 이용해 민물고기를 채집해 왔다. 족대 채집은 민물고기의 서식 환경, 예를 들어 수초, 모랫바닥, 자갈밭, 큰 돌 아래 등을 타깃으로 삼아 원하는 종을 효율적으로 포획할 수 있다는 장점이 있다. 또한 족대는 물고기를 상처 입히는 일이 드물어, 연구용으로나 사육을 목적으로 채집할 때 널리 사용된다.

족대를 사용할 때는 납이 부착된 부분을 가라앉히고, 손잡이 쪽을 약간 낮추어 족대 전체가 충분히 물에 잠기게 한다. 혼자 채집할 경우, 한 손으로 족대 손잡이를 모아 쥔 뒤 족대 주변을 크게 돌아 물고기를 안으로 몰아넣는 방식으로 채집한다. 두 명이 함께 채집할 때는 한 사람이 족대를 고정하고, 다른 사람이 물고기를 몰아 족대 안으로 유도하면 훨씬 효율적으로 채집할 수 있다.

▶ 수중촬영을 통한 관찰

수중촬영은 민물고기의 자연스러운 일상을 기록할 수 있는 방법이다. 혼자 촬영하는 경우가 훨씬 유리하며, 방법에 따라 크게 두 가지로 나눌 수 있다.

- **카메라를 고정하여 촬영:** 삼각대 등을 이용해 민물고기가 자주 지나다니는 길목에 카메라를 설치한다. 설치 후 사람의 인기척이 사라지면 민물고기들이 자연스럽게 활동하기 때문에, 다양한 종의 자연스러운 모습을 관찰할 수 있다.
- **직접 카메라를 들고 촬영:** 가슴장화나 드라이수트(잠수복)를 착용하고, 직접 물속에 들어가 카메라를 들고 촬영하는 방법이다. 이 경우 특정 종을 선택적으로 촬영할 수 있으며, 물고기와의 거리를 조절해 보다 세밀한 장면을 기록할 수 있다.

나의 경우, 드라이수트를 장만하기 전까지는 가슴장화를 입고 강에 들어가 민물고기가 지나다니는 길목 근처에 무릎을 꿇고 앉아 1~2시간을 기다렸다. 처음에는 경계하던 민물고기들이 시간이 지나면서 서서히 경계심을 풀고, 오히려 다가오거나 자연스럽게 내 주변을 지나갔다. 이러한 방식으로 자연스러운 모습을 가까이에서 촬영할 수 있었다.

▶ **채집과 수중촬영의 특징 요약**

민물고기를 관찰하는 방법은 사용하는 장비와 접근 방식에 따라 그 결과가 달라질 수 있다. 간략하게 요약하면 다음과 같다.

- **족대 채집**
  - 장점: 원하는 종을 선택적으로 채집 가능, 상처를 최소화
  - 단점: 채집 과정에서 서식지를 간접적으로 교란할 수 있음

- **수중촬영**
  - 장점: 민물고기의 자연스러운 행동과 일상 포착 가능
  - 단점: 장비 비용 부담, 촬영에 시간과 인내가 필요

이처럼, 채집과 수중촬영은 각각 다른 매력과 한계를 가지고 있다. 나는 이 두 가지 방법을 상황에 맞게 활용하며, 민물고기들의 삶을 보다 깊이 이해하고자 노력해 왔다.

봄날의 상처

 2017년, 나는 졸업 논문을 위해 경기도의 세 하천을 대상으로 연구를 진행하고 있었다. 그중 하나였던 공릉천에 대한 이야기를 해 보려 한다.
 조사 지점 중 하나였던 파주의 공릉천에 도착했을 때, 차에서 내리자마자 친구들과 나는 끔찍한 악취에 얼굴을 찌푸렸다. 하천에 가까워질수록 냄새는 더욱 심해졌고, 눈앞에는 시커멓게 흐르는 강물이 모습을 드러냈다.
 강가 물속에는 정체를 알 수 없는 실지렁이 같은 것들이 뭉쳐 꿈틀거리고 있었다. 상황을 파악하기 위해 가슴장화를 신고 강으로 들어갔다. 숨

오염된 파주 공릉천

을 들이쉬는 것조차 힘들 만큼 심한 악취가 코를 찔렀고, 여기저기에는 팔뚝만 한 크기의 잉어와 붕어 사체들이 떠 있었다. 건강한 하천의 모습이라고는 찾아 볼 수 없는 끔찍한 풍경이었다.

현장에서 만난 지역 환경단체의 사무국장님께 상황을 여쭤보았다. 그분은 비가 오는 날 전후로 불법 오폐수 방류가 반복되고 있다고 설명해 주셨다. 시청에서 나온 사람들이 잉어나 붕어 사체를 수거해 가긴 하지만, 오폐수 방류는 이미 세 번째나 반복된 상황이었다. 즉, 비가 내릴 때마다 불법으로 흘려보낸 오폐수가 수많은 생물들의 목숨을 앗아가고 하천을 오염시키고 있었던 것이다.

조사를 지속할 수 없는 상황임을 깨닫고 강물 밖으로 나오자, 검은 기름 같은 것들이 장화에 끈적하게 달라붙어 흘러내렸다. 우리는 망연자실한 마음으로 검게 흐르는 공릉천을 뒤로하고 철수할 수밖에 없었다.

장화에 묻은 검은 오염물질

얼마 뒤, 공릉천의 또 다른 조사지점인 양주로 향했다. 노고산 아래를 굽이쳐 흐르는 양주의 공릉천은, 내가 민물고기 생태교육을 진행했던 익숙하고 정겨운 곳이었다. 강변에는 수풀이 우거져 있었고, 군데군데 수초도 빽빽이 자라 자연스러운 하천의 모습을 고스란히 간직하고 있었다.

하지만 2017년 6월, 다시 그곳을 찾았을 때 나는 믿을 수 없는 광경을 마주했다. 생태교육을 했던 약 300m 구간이 온통 포크레인 자국으로 엉망이 되어 있었다. 강물이 흐르던 길은 끊겨 있었고, 남아 있는 것은 붉게 질퍽이는 진흙탕뿐이었다.

포크레인 자국만 남은 공릉천

자연스럽게 흐르던 공릉천은 온데간데없고, 하천 바닥은 마구 파헤쳐져 민물고기들의 서식처를 완전히 잃어버린 상태였다. 홍수 방지를 위한 공사였을까? 그렇다고 하기에는 작업 구간이 너무 짧았다. 무엇을 위한 공사였는지 알 길이 없었고, 허탈감과 허망함만 가슴을 짓눌렀다.

그날도 채집은 포기할 수밖에 없었고, 나는 깊은 상처를 마음속에 새긴 채 집으로 돌아왔다. 결국 파주와 양주의 공릉천은 졸업 연구 조사지점에서 제외되었고, 이 일은 오랫동안 지워지지 않는 아픔으로 남았다.

시간이 흐르면서 나는 알게 되었다. 이런 일은 결코 드문 일이 아니라는 것을.

수중촬영을 자주 다녔던 벽계천은 상류 공사로 인해 흙탕물로 변해 버리는 일이 다반사였고, 왕숙천도 촬영을 나갈 때마다 공사로 인해 물길의 형태가 바뀌었다. 처음 찾았던 대전의 유등천은 '생태하천 복원사업'이라는 이름 아래, 이미 멸종위기 야생생물 Ⅰ급인 감돌고기가 서식하던 하천을 굴착하고 있었다. 하천을 망가뜨리고, 생명을 몰아내는 일이 '복원'이라는 이름으로 포장되고 있었다.

이러한 경험을 통해 나는 하천은 단순한 물길이 아니라 수많은 생명과 기억, 그리고 시간이 흐르는 살아 있는 공간이라는 것을 깨달았다.

하천을 살리는 일은 단순히 복원 사업 하나로 끝나는 것이 아니라, 그곳에 살아가는 생명들의 삶을 온전히 이해하고 존중하는 데서 시작되어야 한다.

나는 앞으로도 물고기들과 하천을 마주할 것이다. 아직 남아 있는 생명을 지키고, 또 같은 실수가 반복되지 않기를 바라는 마음으로. 그리고 언젠가는, 무너진 강도 다시 흐를 수 있기를 간절히 꿈꾼다.

벌건 토사가 드러나 있는 공릉천

생물들의 서식지가 파괴된 공릉천

발자국의 크기

포천의 맑은 계곡, 새미를 관찰하느라 정신없이 카메라 셔터를 누르던 내 눈에 물속 낙엽 더미가 문득 들썩이는 것이 들어왔다. 순간 놀라 고개를 갸웃하며 한참을 들여다봤지만, 익숙한 새미 치어는 아닌 듯했다. 조심스레 눈으로 좇았지만 이내 사라져 버려 다시 새미 촬영에 집중하려는 찰나, 낙엽 사이에서 슉—하고 무언가 튀어나와 내 발꿈치 바로 옆에 멈춰 섰다.

보호색을 띤 둑중개

흐릿하게 일렁이는 물속을 뚫어져라 바라보던 나는 그제야 그것이 무엇인지 알아차렸다. 모래 색과 완벽히 어우러진 작은 물고기, 바로 둑중개였다.

둑중개는 맑은 하천의 상류에 서식하는 종으로 포식자나 먹이에게 들키지 않기 위해 가만히 움직이지 않고 은신하는 습성을 가지고 있다. 내 발에서 겨우 5cm도 떨어지지 않은 곳에 내려앉은 녀석도 마찬가지였다. 25cm 크기의 내 발 옆에 있던 7cm 남짓한 둑중개는 훨씬 더 작고 여린 존재처럼 느껴졌다. 모래 색과 다를 바 없는 몸 색 덕분에 가까이 다가서기 전까지는 눈치채기조차 어려웠다. 조심하지 않았다면 그 작은 생명을 모르는 사이에 밟아 버릴 뻔했다.

내 발치의 둑중개

둑중개와의 뜻밖의 조우를 뒤로하고, 나는 천천히 하류 쪽으로 걸음을 옮겼다. 이윽고 호박돌과 바위가 널려 있는 지형이 나타났다. 물살을 가르며 헤엄치는 새미 성어들, 금빛으로 반짝이는 금강모치, 날렵하게 움직이는 쉬리와 참갈겨니들이 한눈에 들어왔다. 물속 풍경에 마음을 빼앗긴 채 한 발짝 내딛는 순간, 돌 틈에서 번개처럼 튀어 나가는 무언가를 목격했다.

또다시 둑중개였다. 이번에는 얼룩덜룩한 돌 무늬와 완벽히 섞인 보호색을 띠고 있었다. 놀란 둑중개는 멀리 달아나지 않고 바로 근처 돌 틈으로 몸을 숨겼다. 주변을 둘러보니, 여기도 저기도 둑중개가 숨어 있었다. 마치 돌 틈마다 작은 생명이 깃든 듯했다. 한 발자국 디딜 때마다 사방에서 둑중개들이 튀어나와, 물속을 살피지 않고는 한 걸음 떼기도 조심스러웠다.

낙엽색과 비슷한 둑중개

돌 밑에 숨은 둑중개

그 순간 문득 생각했다. 만약 내가 물속을 바라보지 않고 낙엽 더미를 밟고, 돌들을 툭툭 걷어차며 돌아다녔다면 어땠을까. 이 작은 생명들이 다칠 수도 있었을 것이다. 실제로 족대 채집을 하다 보면, 돌이나 발에 부딪혀 상처 입은 물고기들을 만나는 경우가 간혹 있다.

우리가 살아가는 세상은 인간의 크기에 맞춰 설계되어 있기에, 일상 속에서는 인간이 얼마나 거대한 존재인지 실감하기 어렵다. 그러나 자연 속에 발을 들여놓는 순간, 특히 이렇게 작은 생명들을 마주할 때면 인간이라는 동물이 얼마나 크고 위협적인 존재인지 깨닫게 된다.

아마 지금 이 순간에도, 새미와 둑중개, 그리고 수많은 민물고기들에게 나는 커다란 포식자이고, 두려움의 대상일지 모른다. 그래서 내가 좋아하는 이 생명들을 관찰하고 기록하는 이 순간만큼은 그들의 세계를 존중

하며 조심스럽게 다가가겠다고 다짐했다. 작은 숨결 하나도 놓치지 않으려는 마음으로, 물속의 세상과 조심스레 눈을 맞추겠다고.

은신의 귀재

　모든 수중촬영이 쉽지는 않지만, 그나마 가장 촬영하기 쉬운 물고기를 꼽자면 단연 동사리다. 동사리는 야행성 어류로, 돌 틈 같은 곳에 몸을 숨긴 채 수서 곤충이나 작은 물고기를 잡아먹으며 살아간다. 우리나라 대부분의 강에 서식하고 있으며, 갈색 바탕에 등부터 배까지 이어지는 세 줄의 굵은 흑갈색 무늬가 특징이다.

　은신하는 동물들이 대개 그렇듯, 동사리 역시 가만히 움직이지 않고 조용히 숨어 있는 경우가 많다. 보호색 덕분에, 자세히 들여다보지 않으면 물속에서도 쉽게 지나쳐 버릴 수 있다. 조사 차원으로 채집을 하다 보면, 돌 밑에서 갑자기 툭 튀어나오는 물고기를 만나는 일이 종종 있는데, 그중 많은 경우가 동사리다.

　이들은 사람 발자국 소리 자체를 듣는 것이 아니라, 물속에 전해진 미세한 진동과 압력 변화를 감지하고 위험을 인식한다. 사람이 다가오면 깜짝 놀라 도망치지만, 동사리는 멀리 달아나지 않고 다시 근처의 다른 돌 틈이나 모랫바닥 위에 자리를 잡아 은신하는 습성이 있다. 새로 자리 잡은 동사리는 웬만해서는 쉽게 움직이지 않기 때문에, 운이 좋으면 아주 가까이 다가가 촬영할 수 있는 기회를 얻을 수 있다.

　피라미나 참갈겨니처럼 빠르게 움직이는 종들과 달리, 은신한 채 거의 움직이지 않는 동사리는 수중촬영에서 훌륭한 피사체다. 스스로의 위장 실력을 믿는 듯, 사람에게 발견되더라도 적당한 거리만 유지하면 바로 도망가지 않는다. 따라서 천천히 거리를 좁혀 가며 카메라를 들이대면, 자연스러운 모습을 가까이에서 담을 수 있다.

내가 방수카메라를 구입한 이후 처음 제대로 촬영한 피사체도 동사리였다. 바위 틈에 숨어 가만히 쉬고 있던 동사리를 발견하고, 신이 나서 한참 동안 셔터를 눌렀다. 물속에서 움직이느라 주변에 약간의 진동이 전해졌지만, 동사리는 자세만 조금 바꿀 뿐, 멀리 도망치지 않고 같은 바위 위에서 이리저리 포즈를 취해 주었다. 덕분에 동그란 눈, 커다란 입, 굵은 줄무늬까지 동사리의 생생한 모습을 고스란히 사진에 담을 수 있었다.

광양에서 촬영한 동사리

갑천의 동사리

    여담이지만, 동사리를 촬영한 사진 중 가장 마음에 드는 것은 2017년 8월, 갑천에서 촬영한 7cm 정도 크기의 동사리 사진이다. 특별한 종을 찍은 것도, 특별한 기술을 쓴 것도 아니지만, 맑은 물속으로 비치는 햇살과, 정면을 향해 앉아 있던 동사리의 동그란 눈빛이 강렬하게 빛나는 사진이다. 이 사진 역시, 동사리가 조용히 돌 위에 앉아 있었기에 가능한 촬영이었다.

    이렇듯, 수중촬영은 물고기의 습성에 따라 촬영 난이도가 크게 달라진다. 동사리는 비교적 흔하게 만날 수 있고, 크기도 적당하며, 진동에 민감하게 반응하긴 하지만 도망치지 않고 은신하기 때문에, 처음 수중촬영에

도전하는 이들에게 아주 좋은 피사체가 될 수 있다.

처음 카메라를 들고 물속에 들어가는 사람들에게, 나는 동사리를 꼭 추천하고 싶다. 물속의 조용한 움직임을 이해하고, 자연스럽게 거리를 좁혀 가는 방법을 배우기에 이보다 좋은 상대는 없을 것이다.

DMZ에서 촬영한 동사리

거리두기

  카메라를 이용해 야생동물인 민물고기를 촬영하기 위해서는 두 가지 종류의 거리두기가 필요하다. 첫 번째는 민물고기의 일상을 방해하지 않기 위한 거리두기, 두 번째는 카메라의 초점을 유지하기 위한 거리두기다. 이번 글에서는 이 두 가지 거리두기에 대해 이야기해 보려 한다.

  수중촬영을 처음 시작한 사람들은 보통 카메라를 들고 물고기를 쫓아가기 시작한다. 그러나 이때부터 끝없는 술래잡기가 벌어진다. 물고기는 도망가고, 사람은 뒤쫓는 소모전이 펼쳐진다. 물속에서는 인간이 절대 물고기의 속도를 따라잡을 수 없기에, 이런 방식으로는 좋은 사진을 얻기 어렵다. 이때 반드시 익혀야 할 기술이 바로 적절한 거리두기다.

  야생동물을 촬영할 때 지켜야 하는 기본 철칙이 있다. 생물이 촬영자를 인식하지 못하거나, 인식하더라도 경계하지 않을 정도의 거리를 유지하는 것이다. 이 철칙은 민물고기에게도 그대로 적용된다. 물속에 처음 들어가면 대부분의 물고기들은 순간적으로 도망간다. 갑작스레 나타난 커다란 생명체를 포식자로 인식하기 때문이다. 하지만 한자리에서 가만히 움직이지 않고 기다리면, 물고기들은 곧 작가가 위험한 존재가 아니라는 것을 깨닫고 서서히 자신들의 자리로 돌아오기 시작한다.

  이때 다시 경계심을 자극하지 않도록 주의해야 한다. 작가는 자신의 자리를 지키고, 물고기들이 자연스럽게 돌아오도록 기다리며, 그들과 경계 없는 적정 거리를 유지한 채 촬영을 시작해야 한다. 만약 촬영하고 싶은 물고기가 멀리 있다면, 물고기의 반응을 세심하게 관찰하며 아주 천천히 접근해야 한다. 거리가 지나치게 좁혀지면, 물고기는 곧장 도망가 버릴 것이다.

  수중촬영을 할 때 가장 쉬운 방법은 한 자리에 가만히 머물며 서서히 다가오는 물고기들을 기다리는 것이다. 물고기를 쫓아다니는 것보다 훨씬 효과적이고, 부담도 덜하다. 하지만 이 방법에도 나름의 고충은 있다. 돌고기, 각시붕어, 긴몰개처럼 무리를 지어 다니는 종들은 때때로 작가의 카메라 앞으로 너무 가까이 다가오는 일이 있기 때문이다.

  가끔은 물고기 무리가 카메라 렌즈 바로 앞까지 몰려와, 나중에 사진을 확인해 보면 초점이 맞지 않은 사진들뿐일 때도 있다. 특히 각시붕어는 호기심이 많은 종이라, 조금만 시간이 지나면 렌즈를 향해 다가오거나, 심지어 카메라를 툭툭 쪼기도 한다. 이럴 때는 살짝 몸을 움직여, 다시 민물고기와 적정 거리를 유지해 주는 것이 중요하다. 사진의 품질을 위해서도, 그리고 물고기의 자연스러운 행동을 존중하기 위해서도 말이다.

  결국, 민물고기 촬영에서 가장 중요한 것은 '존중과 관찰을 위한 거리두기', 그리고 '촬영 기술을 위한 거리두기' 이 두 가지 모두를 균형 있게 지키는 일이다. 적절한 거리두기를 통해 민물고기가 사람을 경계하지 않고 자연스럽게 살아가는 모습을, 그들의 일상을 방해하지 않고 기록할 수 있다. 이는 민물고기뿐만 아니라, 모든 야생동물을 관찰할 때에도 마찬가지다.

  서두르지 않고, 다가서지 않고, 그저 조용히 바라보는 것.

진짜 자연과 만나는 첫걸음은 언제나, 올바른 거리두기에서 시작된다.

너무 가까이 다가온 물고기들

너무 가까이 다가온 물고기들(QR 코드) ▶

적당한 거리를 지킨 사진

초점이 안 맞은 사진

너무 가까이 다가온 각시붕어

물고기와 눈을 맞추다

　시간이 지날수록 민물고기를 수중촬영하는 노하우가 쌓이면서, 나름 한껏 우쭐해져 있을 때였다. 사진이 잘 나올 때마다 삼촌께 자랑삼아 보여 드렸는데, 어느 날 삼촌께서 사진을 보시더니 이렇게 말씀하셨다.
　"라연아, 민물고기 사진 찍을 때, 눈에다 초점을 맞춰 봐."
　순간 당황스러움을 숨길 수 없었다.
　"엥? 민물고기를 그냥 찍는 것도 힘든데, 그 작은 눈에 초점을 맞추라고요?"
　사람을 찍을 때야 "여기 보세요~" 하면 눈을 향해 초점을 맞출 수 있겠지만, 작고 빠른 민물고기의 조그마한 눈에 초점을 맞추라니. 칭찬을 기대하며 사진을 보여 드렸던 나는, 예상치 못한 '더 어려운 미션'을 받고 속으로 시무룩해졌다.
　삼촌께 미션을 받은 지 얼마 지나지 않아, 나는 다시 수중촬영에 나섰다. 얕은 곳에 무릎을 꿇고, 물고기들이 다가오기를 기다리던 그때, 문득 삼촌의 조언이 머릿속을 스쳐 지나갔다.
　'그래, 한 번 해 보자.'
　쉬운 피사체를 찾기 위해 주위를 두리번거리던 내 눈에, 가까운 곳에서 도망가지 않고 서성이는 밀어 한 마리가 들어왔다. 옳다구나 싶어 몸은

밀어와 눈을 맞추다

　최대한 움직이지 않고, 카메라만 조심스럽게 물속으로 들이밀었다. 일렁이는 물살 아래, 흐릿했지만 카메라 프레임 안에 들어온 밀어를 포착하고, 서서히 확대해 밀어의 눈에 초점을 맞추려 애썼다. 물살에 어른거리는 화면을 바라보며, 떨리는 손으로 카메라를 조심스럽게 조정했다. 그렇게 밀어를 모델 삼아 한참 동안 사진 연습을 이어 갔다.

　현장에서 사진을 꼼꼼히 확인할 수 없었기 때문에, 촬영 결과는 집에 돌아와서야 비로소 확인할 수 있었다. 몇 시간 동안 찍은 수백 장의 사진을 확인하며, 나는 다시 한 번 깨달았다. 민물고기의 눈에 정확히 초점을 맞추는 일은 결코 쉽지 않다는 것을.

　하지만 그 속에서도, 밀어의 초록빛 눈에 제대로 초점이 맞은 단 몇 장의 사진을 보고는 무릎을 쳤다.

　'아, 이래서 삼촌이 그렇게 말씀하셨구나.'

　삼촌의 조언대로 물고기의 눈에 초점을 맞추기 시작하자, 사진은 놀라

울 만큼 생동감을 얻었다. 물고기의 시선이 살아나고, 사진 속에서 이야기가 들려오기 시작했다. 이전의 사진들이 마치 몰래 찍은 파파라치 사진 같았다면, 눈에 초점을 맞춘 사진들은 마치 물고기와 깊은 교감을 나눈 순간을 담은 듯했다.

반짝이는 눈들을 통해 물고기가 평화로운지, 호기심을 보이는지, 혹은 경계하고 있는지를 읽을 수 있었다. 이전까지는 '민물고기를 사진에 담는다'는 데에만 목적이 있었다면, 이제는 보는 사람에게 물고기의 인상과 감정까지 전달할 수 있게 된 것이다.

물론, 지금도 민물고기의 눈에 초점을 맞추는 일은 여전히 어렵다. 움직임이 적은 밀어, 동사리, 얼룩동사리 같은 물고기들은 비교적 촬영이 수월하지만, 빠르게 움직이는 피라미, 참갈겨니, 납자루아과 물고기들은 제대로 프레임에 담기도 쉽지 않다.

그럼에도 불구하고 나는 여전히, 물고기와 눈을 맞추며 사진을 찍으려 노력한다.

왜냐하면, 민물고기와 나, 서로 평행한 위치에서 바라본 그 순간들이야말로 사진 속에서 가장 아름답게 빛나기 때문이다.

대륙종개

어린 모래무지

참종개

피라미

인생은 실전이다
(수중촬영의 현실)

　삼촌의 도움을 받아 처음 방수카메라인 올림푸스사의 TG-4를 구입했을 때, 나는 마치 엄청난 장비를 손에 넣은 것만 같았다. 8000원짜리 족대에 비하면 꽤 고가였고, 아직 수중촬영의 현실을 알지 못했던 나는 뭔가 대단한 작품을 찍어 낼 수 있을 것 같은 기분에 들떠 있었다. 하지만 모두가 예상하듯, 시작은 결코 녹록지 않았다.
　TG-4를 가지고 처음 수중촬영을 시도한 곳은 광양의 백운산 계곡이었다. 내 키보다 더 깊은 계곡물 속에서, 오리발 하나 없이 맨몸으로 수영을 하며 민물고기를 촬영하는 일은 생각보다 훨씬 어려웠다. 물속으로 잠수하자 참갈겨니와 버들치 떼가 자유롭게 헤엄치는 모습이 보였다. 그중에서도 혼인색이 화려한 수컷 참갈겨니가 눈에 띄었다. 다른 물고기들보다 속도가 느려 보여, 잘만 하면 사진에 담을 수 있을 것 같았다.
　카메라를 들고 천천히 다가가자, 참갈겨니는 순식간에 저 멀리 도망가 버렸다. 약이 올랐다. 나는 한참을 쫓아가고, 참갈겨니는 매번 도망가고, 그렇게 끝없는 술래잡기가 이어졌다. 결국 먼저 지친 쪽은 나였다. 물속에서는 방향전환조차 쉽지 않았고, 숨을 참을 수 있는 시간도 한정적이었다. 물속은 물고기의 세계였고, 나는 그저 침입자에 불과했다. 참갈겨니는 마치 이렇게 말하는 듯했다.

"사람아, 인생은 실전이야."

수중촬영이 어려웠던 데에는 날씨도 큰 몫을 했다. 사진 촬영은 환경이 어두울수록 사진에 노이즈가 많이 발생하는데, 물속은 기본적으로 햇빛이 약하게 들어오기 때문에 더 어둡다. 노이즈 없는 사진을 찍으려면, 물 밖에서 "아, 햇빛이 뜨겁다." 하고 느껴질 정도로 강한 햇빛이 있어야 한다.

경험상, 우리나라 민물고기의 활발한 활동 시기는 3월부터 11월까지다. 하지만 사람이 물속에서 오랫동안 버틸 수 있으려면 수온이 어느 정도 올라야 하기에, 실질적인 수중촬영 가능 기간은 4월에서 10월 정도에 한정된다. 여기에 장마철인 6~7월을 제외하고, 흐린 날이나 비 오는 날을 제외하면 성공적으로 수중촬영을 할 수 있는 날은 정말 손에 꼽을 만큼 적다.

또한 해가 긴 여름철이라 해도 아침 9시부터 오후 4~5시까지 7시간 남짓한 시간 동안만 촬영이 가능하고, 겨울철에는 11시부터 3시 정도까지 촬영 시간이 더욱 짧아진다. 거기에 점심시간과 휴식시간을 빼면 하루에 실제 촬영 가능한 시간은 훨씬 줄어든다. 이런 조건들을 고려하면, 수중촬영은 민물고기를 관찰하는 데 있어 결코 '쉬운' 방법이라고 할 수 없다.

물도 맑아야 한다. 물이 탁하거나 부유물이 많으면, 물고기에 맞춰야 할 초점이 부유물에 맞아 버리거나, 부유물들이 물고기를 가려 버린다. 물속에서는 작은 LCD 화면으로 초점이 제대로 맞는지, 부유물이 방해하고 있는지 확인하기 어렵기 때문에 결국 집에 돌아와 사진을 확인하고 나서야 "아뿔싸!" 하는 경우가 많다.

나의 경우, 촬영지 선정에 앞서 카카오맵이나 네이버 지도 항공뷰를 통해 후보지를 정하고, 직접 답사하여 물속 상태를 확인한다. 하지만, 물 밖에서는 깨끗해 보였던 강물이 막상 들어가 보니 부유물이 잔뜩 떠 있거나, 흙탕물이 되어 있는 경우도 많았다. 그럴 때는 결국 촬영을 포기하고 돌아와야 했다.

지금까지 말한 것들은 수중촬영의 '큰 문제점'만 간략히 소개한 것이다. 이외에도, 실제 촬영지에 도착해 보니 식수원 지역이라 입수가 금지되어 있다거나, 상류에서 공사 중이라 물이 흙탕물로 변해 있다거나, 이미 채집하러 온 사람들 때문에 물고기들이 예민해져 접근조차 어려워졌다거나 하는 일들도 수없이 많았다.

수중촬영은 결코 쉬운 길이 아니다. 오히려 늘 예기치 않은 변수들과 싸워야 하는 고단한 여정이다. 하지만 그 모든 어려움 끝에, 맑은 물속에서 햇살을 받으며 자유롭게 헤엄치는 민물고기의 모습을 만나게 될 때, 그 순간의 아름다움은 지금까지의 모든 고생을 잊게 만든다.

그래서 나는 오늘도 카메라를 들고, 다시 물속으로 걸어 들어간다.

폭망한 수중촬영 영상(QR 코드) ▶

마음이 가다

"가장 촬영하기 쉬운 민물고기는 누구냐"고 묻는다면 나는 주저 없이 '동사리'라고 답할 것이다. 하지만 "촬영할 때 가장 마음이 가는 민물고기는 누구냐"고 묻는다면, 망설임 없이 '참종개'를 꼽고 싶다.

참종개는 다소 생소할 수 있는 이름이지만, 우리가 잘 아는 미꾸라지의 친척이다. 미꾸리과에 속하는 종으로, 몸 옆면의 갈색 구름 무늬가 특징이다. 위협을 느끼면 모래나 자갈 틈에 몸을 파고들어 숨는 습성을 가진다. 참종개는 한강, 임진강, 금강, 만경강, 동진강, 삼척 오십천, 마읍천 등 다양한 하천에 서식하며, 특히 한강 수계인 수도권 주변 하천에서도 쉽게 만날 수 있다.

참종개에게 마음이 가는 이유는 몇 가지가 있다.

첫 번째는, 주변 하천에서 쉽게 만날 수 있다는 점이다. 뚜벅이인 나는 늘 대중교통을 이용해 촬영지로 이동한다. 그렇기 때문에 주로 수도권 주변, 내가 잘 아는 가까운 하천에서 수중촬영을 하게 된다. 참종개는 한강 수계에 고르게 분포하고 있어, 굳이 멀리 이동하지 않아도 경기도권 하천에서 어렵지 않게 만날 수 있다. 사람도 자주 보면 더 친숙해지고 애정이 생기듯, 참종개 역시 자주 마주하다 보니 점점 특별한 매력을 느끼게 되었다.

가평천의 참종개

대전 갑천의 참종개

  두 번째 이유는, 헤엄치는 방식이 독특하기 때문이다. 참종개는 보통 모래밭이나 자갈 위를 천천히 훑으며 다니다가, 멀리 이동해야 하거나 놀라면 '호로록' 하고 빠르게 헤엄쳐 간 뒤, 마치 '끼익―' 소리가 날 것처럼 급정거를 한다. 이 덕분에 수중촬영을 하다 보면, 어디선가 갑자기 헤엄쳐 온 참종개가 카메라 앞에 '멈칫' 서는 경우가 종종 있다. 그럴 때면, 예정에 없던 참종개 촬영 타임이 시작된다. 살짝 머리를 들고 주변을 두리번거리는 모습은, 누가 봐도 "지금이야, 찍어 주세요!" 하는 듯한 포즈다.

  세 번째 이유는, 먹이활동을 하는 모습이 무척 귀엽다는 점이다. 미꾸리과 물고기들은 모래와 먹이를 함께 빨아들인 뒤, 모래는 아가미로 뱉

어내고 조류(algae)나 작은 수서 곤충만 걸러 먹는다. 이때 입을 오물오물거리는 모습은, 민물고기를 사랑하는 나에게는 그야말로 '심쿵' 포인트다. 참종개는 경계심도 심하지 않은 편이라, 촬영하고 있는 중에도 어느새 슬쩍 다가와 내 눈앞에서 자연스럽게 먹이활동을 하는 모습을 보여 주곤 한다.

이렇게 수중촬영을 하다 보면, 다른 물고기들보다 더 눈길이 가는, 애정이 쌓이는 종이 생기기 마련이다. 참종개는 가까운 하천에서 쉽게 만날 수 있고, 독특한 행동과 친근한 매력까지 갖추고 있어 내 카메라와 시선을 자연스럽게 끌어당기는 물고기다.

늘 새로운 민물고기를 만나는 것도 즐겁지만, 언제 어디서든 반가운 얼굴처럼 다가오는 참종개를 보면, 왠지 마음 한편이 따뜻해지는 기분이 든다.

물속의 단풍

'가을' 하면 많은 사람들이 단풍을 떠올릴 것이다. 울긋불긋 물든 단풍나무도 아름답지만, 날이 선선해지면 나는 물속에서 물드는 '납지리'를 먼저 떠올리곤 한다.

납지리는 납자루아과에 속하는 민물고기로, 몸이 납작한 형태를 띤다. 크기는 약 10cm 정도로 아담하다. 납자루아과의 공통된 특징은 긴 산란관을 이용해 민물조개 속에 알을 낳는다는 점이다. 대부분의 종이 4월부터 7월 사이 봄철에 산란하는 반면, 납지리는 조금 특별하다. 가을인 9월부터 11월 사이에 산란하기 때문이다. 조개 속에 낳은 납지리 알은 조개 안에서 부화와 초기 성장을 거친 뒤, 겨울 동안 휴면 상태로 머무른다. 이듬해 수온이 오르면 5월 무렵 조개 밖으로 빠져나온다.

2017년 10월 초, 혼인색을 띤 납지리를 촬영하고 싶어 자주 가던 경기도의 한 하천을 찾았다. 나는 물고기들이 좋아할 만한 여울 하류에 자리를 잡고, 물속의 움직임을 가만히 기다렸다. 처음에는 긴몰개가, 이어 각시붕어 무리가 경계심을 보이며 다가왔다. 그들은 조금씩, 조금씩 내 주변에서 먹이활동을 시작했다.

그리고 마침내, 2~3미터 앞에서 무리를 지어 다가오는 납지리 암컷들이 눈에 들어왔다. 처음엔 밋밋한 모습에 납자루인가 싶었지만, 주위를 배회하는 수컷들을 보고 납지리임을 알아챘다. 수수한 모습의 암컷들은 모래밭을 오가며 먹이활동을 하고 있었고, 그 너머, 물결 너머로는 지느러미가 울긋불긋 물든 수컷들의 모습이 어른거렸다.

납지리 수컷

카메라를 조금 더 앞으로 가져가자, 형광 초록빛 몸통에 붉게 물든 지느러미를 가진 납지리 수컷 세 마리가 포착됐다. 그들은 서로 마주칠 때마다 붉은 지느러미를 돛처럼 펼치고 몸을 흔들며 자신을 과시했다. 치열한 세력다툼이 벌어지고 있었다.

그중 한 마리가 다른 두 마리를 물리치고, 조심스레, 천천히 내 쪽으로 다가오기 시작했다. 거의 1미터 거리까지 접근한 수컷은 갑자기 하천 바닥의 작은 돌에 몸통을 부딪히기 시작했다. 몸을 부딪히고, 다가가 살펴

납지리 수컷과 뒤따르는 암컷들

보고, 또 몸을 부딪히는 행동이 반복됐다.

처음엔 기생충 때문인가 싶었지만, 같은 돌에만 집착하는 모습을 보며 의문이 들었다. '혹시 영역을 표시하는 걸까?' 하지만 납지리는 조개에 알을 낳는 물고기다. 돌을 기준으로 영역을 표시한다는 건 어딘가 이상했다.

곁에서는 산란관을 길게 늘어뜨린 암컷 한 마리가 조심스럽게 수컷을 살피고 있었다. 그제야 깨달았다.

'아, 저 돌을 살아 있는 조개로 착각하고 있는 거구나!'

급히 자리에서 일어나 하천 바닥을 샅샅이 뒤지기 시작했다. 해는 지고 있었고, 마음은 급했다. 30분쯤 찾던 끝에, 바닥에서 돌처럼 보이던 무언가가 미세하게 들썩였다. 민물조개였다. 그때는 이름을 몰랐지만, 나중에 확인해 보니 '말조개'였다.

90 물고기와 눈을 맞추다

나는 말조개를 조심스럽게 들어 올려 다시 납지리가 있던 여울로 돌아왔다. 살아 있는 조개를 앞에 두었을 때, 납지리들이 어떤 반응을 보이는지 보고 싶었다.

조개를 물속에 놓고 다시 자리를 잡았다. 긴몰개가, 각시붕어들이, 그리고 천천히 납지리 무리가 모습을 드러냈다. 열심히 세력다툼을 벌이던 납지리 수컷들 중 한 마리가 드디어 조개에 다가와 퉁! 하고 몸통을 부딪혔다. 속으로 '아싸!' 하고 외치며 나는 카메라 셔터를 끊임없이 눌렀다.

수컷은 조개에 몸을 부딪히고, 조개의 이음새를 따라 몸을 눕혀 미세하게 움직이며 관찰하기 시작했다. 몇 번이고 같은 행동을 반복했다. 조금 뒤, 산란관을 길게 늘어뜨린 암컷도 다가와 조개를 살피기 시작했다. 그 모습은 분명했다. 산란 전, 조개의 생존 여부를 확인하는 행동이었다.

아쉽게도, 놓아준 말조개는 전혀 움직이지 않았다. 납지리 수컷과 암컷은 한참을 조개 주변을 맴돌다 결국 근처에 있던 죽은 조개껍질로 관심을 옮겼다. 해는 서서히 저물고, 물속은 점점 어둠에 잠겼다. 나는 납지리들의 끈질긴 조개 선별을 지켜보다 촬영을 마무리하고 하천을 떠나야 했다.

그날, 나는 납지리 수컷이 산란하기 전 민물조개의 생존 여부를 세심하게 확인한다는 사실을 처음으로 알게 되었다. 그 후로는 석사 과정을 마치느라 납지리를 보러 갈 여유가 없었지만, 올해 가을에는 다시 하천을 찾아, 납지리 쌍이 조개 속에 알을 낳는 그 순간을 꼭 관찰할 수 있기를 바란다.

납지리의 영역 다툼과 산란 행동(QR 코드) ▶

가장 자유로운 순간

종종 수중촬영을 위해 혼자 하천으로 향하는 때가 있다. 가능하면 친구와 함께 가려고 하지만, 서로 시간이 맞지 않는 경우도 있기 때문이다. 그럴 때면 갈아입을 옷, 잠수복, 수경, 방수 카메라를 챙겨 혼자 지하철을 타고 조용히 하천으로 향한다. 혼자 떠나는 길은 늘 짐은 무겁지만, 마음만은 한없이 가벼워진다. 마치 훌쩍 피서를 떠나는 것 같은 기분이었다.

강가에 도착하면, 별다른 준비 없이 입고 온 옷 그대로 물속으로 걸어 들어간다. 옷이 젖어 드는 시원한 감촉과 함께, 물살이 다리를 감싸고 흐르는 느낌이 온몸을 깨운다. 나는 수경을 끼고 크게 숨을 들이마신 뒤, 조심스럽게 강물 속으로 잠수했다.

물속은 언제나 다른 세계였다. 지형은 어떤지, 어떤 물고기들이 지나다니는지 천천히 둘러보며 푸른 물속 세상에 조금씩 적응해 나갔다. 그리고 발을 굴러 물을 헤치며 깊숙이 나아갔다. 물속으로 들어가는 순간, 걸음걸음마다 놀라 흩어지던 물고기들은 내가 몸을 낮추고 가만히 잠수하자 곁으로 천천히 돌아왔다.

각시붕어, 떡납줄갱이, 줄납자루 같은 납자루아과 물고기들이 수초 사이를 누비고, 피라미, 쉬리, 배가사리들은 물살을 타며 나와 함께 헤엄쳤다. 바로 옆까지 다가와 헤엄치는 물고기들을 바라보며, 나는 그 순간 '자유로움'과 '생동감'을 온몸으로 느꼈다.

나는 인간이라, 숨을 쉬기 위해 가끔은 허덕이며 물 위로 올라와야 했지만, 그 짧은 숨 돌림을 마치면 다시 물고기들과 함께 강을 누볐다. 그 순간만큼은 마치 내가 한 마리 물고기가 된 것 같은 착각이 들었다.

물속 세상도 들여다보면 분명 치열하고 냉혹한 야생일 것이다. 하지만 단편적으로 바라본 그들의 일상은 놀랍도록 평화롭고 여유로워 보였다. 아마도, 내가 물장구를 치며 느꼈던 자유로움과 평온함이 그대로 물고기들에게 투영되었기 때문일지도 모른다.

그날, 물고기들과 함께 헤엄치며 찍은 사진들은 오래전 왕피천에서 헤엄치던 기억까지 소환해 주었다.

내가 물고기 이야기를 할 때마다, 아버지는 늘 웃으며 같은 이야기를 들려주셨다.

"꿈에 크고 시—커먼 물고기가 낚시하는 아빠를 물속으로 끌고 들어갔어. 그게 네 태몽이야. 그래서 네가 물고기를 그렇게 좋아하지, 물도 좋아하고."

아버지가 꾸셨다는 내 태몽 이야기였다. 전생에 내가 커다란 물고기였고, 그래서 이렇게 물속을 좋아하고, 물고기들을 바라보며 평온함을 느낀다는 아버지의 해석이었다.

물속에서, 가끔은 육지보다 더 편안하고 안락하다고 느끼는 나를 보며, 나는 문득 생각한다.

어쩌면 정말, 나는 전생에 물고기였던 건 아닐까?

줄납자루 영상 ▶
(QR 코드)

가평천의 물고기들 영상 ▶
(QR 코드)

민물검정망둑

밀어

꺽지

참종개

가는돌고기

가는돌고기와 줄납자루

돌고기의 먹이활동

쉬리

돌고기의 먹이활동

배가사리

처음 만난 사이

햇볕이 점점 따가워지던 6월, 학교 후배와 함께 경기도의 작은 하천을 찾았다. 하천이라기보다는 '개울'이라는 표현이 더 어울리는, 3월마다 화려한 혼인색을 뽐내는 '한강납줄개'를 촬영하러 자주 오던 곳이었다.

잠수복과 장비로 꽤 묵직해진 가방을 짊어지고 하천에 도착하자, 보를 따라 흐르는 물소리가 시원하게 들려왔다. 비탈진 좁은 길을 조심조심 내려가니 먼저 작은 수로가 보였고, 수로를 따라 걷다 보니 탁 트인 하천이 모습을 드러냈다.

다리 아래 그늘진 곳에 짐을 풀고, 검은색 우주복처럼 생긴 드라이수트를 꺼내 입었다. 바지처럼 다리를 넣고, 오른팔, 머리, 왼팔 순서로 옷을 끼워 입은 뒤 왼쪽 어깨에서 오른쪽 허리까지 이어진 두꺼운 지퍼를 잠그는 방식이다. 작은 하천 한가운데서 뒤뚱거리며 잠수복을 입는 모습이 조금 우스워 보였지만, 젖지 않은 옷으로 대중교통을 타고 돌아와야 하는 내게는 필수였다.

장비를 모두 갖춘 뒤, 한 손에는 방수 카메라를 들고 천천히 물속으로 걸어 들어갔다. 보를 따라 흐르는 물은 두 갈래로 갈라져 있었다. 상류를 바라본 기준 왼쪽은 물살이 세서 한강납줄개가 잘 보이지 않고, 오른쪽은 물살이 잔잔해 매년 산란철이면 한강납줄개가 모여들던 곳이었다.

나는 오른쪽 물길을 따라 한참을 헤집고 다녔다. 걸음을 옮길 때마다 참갈겨니들이 놀라 도망치는 것이 보였다. 그러나, 한강납줄개는 보이지 않았다. 이미 산란기가 끝나 이동한 것인지, 아니면 운이 없는 건지 알 수 없었다. 6월은 한강납줄개의 산란이 끝나는 시기였으니, 다소 늦은 방문이었다는 생각이 들었다.

오른쪽 물길에서 한강납줄개를 찾는 것을 포기하고, 왼쪽의 물살 센 쪽으로 자리를 옮겼다. 참갈겨니, 피라미, 쉬리들이 물살을 타며 힘차게 헤엄치는 모습이 보였다. '한강납줄개는 못 찍었지만, 쉬리라도 찍자.' 마음을 다잡고 얕은 곳에 쪼그려 앉아 쉬리를 촬영하기 시작했다.

그때였다. 물속에 아주 작은 치어들이 꼬물거리며 움직이는 것이 눈에 들어왔다. 참갈겨니나 피라미 치어와는 다른 모습이었다. 몸에 비해 머리가 컸고, 머리 위에는 작게 하트 모양처럼 보이는 무늬가 있었다. 우리는 처음 만난 사이였다.

처음 보는 치어

누구의 치어일까 고민하던 찰나, 돌 틈에서 꺽지 한 마리가 나왔다 들어갔다 하는 모습이 보였다. 순간적으로 깨달았다.

'아, 꺽지 치어구나!'

치어 근처에 있던 꺽지 성어

꺽지의 산란기는 5~6월, 지금이 딱 그 시기였다. 수컷 꺽지는 돌 아래에 산란장을 마련해 암컷이 산란하게 하고, 방정 후에는 암컷을 쫓아낸 뒤 알이 부화하고 치어가 자립할 때까지 돌보는 습성이 있다. 아마도 근처에서 수컷 꺽지가 치어를 지키고 있었을 것이다.

치어들은 이제 막 부화한 듯 보였다. 몸길이는 1cm도 채 되지 않았다. 물고기의 새끼는 부화할 때 난황을 달고 태어나는데, 이 시기를 '자어'라고 부른다. 난황을 다 소모하고 외부 먹이를 먹기 시작하면 '치어'가 된다. 내가 만난 꺽지 치어들은 바로 그 경계에 있었다.

꺽지 치어

작은 꺽지 치어들은 눈을 데굴데굴 굴리며 세상을 구경했다. 돌의 표면을 뚫어지게 바라보다가, 무언가 움직이는 기척을 느끼면 재빠르게 쪼아 먹기도 했다. 내 눈에는 보이지 않던 작은 생명들이 그들의 눈에는 분명히 보였던 것이다.

나는 조심스럽게 카메라를 들이밀었다. 하지만 치어들은 나를 전혀 두려워하지 않았다. 아마도 포식자에 대한 경험이 없어서였을까, 아니면 나라는 거대한 존재를 그냥 '움직이는 커다란 바위'쯤으로 여긴 걸까. 치어들은 나를 경계하지 않고, 그저 자신들의 세계를 살아가기에 바빴다.

어린 꺽지 치어들의 순수함이 그 무엇보다 소중하고 빛나는 순간이었다. 그 작은 생명들이 살아가는, 아주 조용하고 소중한 세상을 기록하기 위해 나는 조심스럽게 셔터를 눌렀다.

꺽지 치어 영상(QR 코드) ▶

수중촬영의 조건

　수중촬영은 방수카메라만 있다면 누구나 쉽게 물속 세상을 기록할 수 있는 좋은 방법이다. 하지만 강물 속은 육지와는 전혀 다른 환경이기에, 촬영을 위해 갖춰야 할 조건이 훨씬 까다롭다. 날씨, 물의 투명도, 유속, 수심까지, 여러 가지 요소가 복합적으로 맞아떨어져야 제대로 된 결과물을 얻을 수 있다.

　이 글에서는 약 3년 동안 직접 수중촬영을 하면서 체득한 수중촬영의 필수 조건에 대해 소개하고자 한다.

1. 날씨: 햇빛은 수중촬영의 기본

　수중촬영에서 가장 중요한 것은 충분한 햇빛이다. 촬영 환경이 어두우면 사진에 노이즈(잡음)가 생기기 쉽고, 강물 속은 기본적으로 빛이 약하게 들어오기 때문에 물 밖보다 훨씬 더 빠르게 어두워진다. 따라서 촬영 당일 날씨가 맑고 일조량이 많은 것이 중요하다. 흐리거나 비가 오는 날은 촬영을 피하는 것이 좋다

　특히, 비가 온 직후에는 절대 강가에 접근해서는 안 된다. 강물이 불어나 매우 위험할 뿐만 아니라, 흙탕물이 유입되어 시야 확보도 어렵다. 비가 온 후에는 최소 3~4일 정도 기다렸다가, 국가 수자원 관리 종합 정보

시스템인 'WAMIS'(http://www.wamis.go.kr) 사이트를 통해 원하는 지역의 수심과 강우량을 사전에 확인하고 출발하는 것이 안전하다.

2. 강물의 투명도: 맑은 물이 최고의 조건

수중촬영에서 두 번째로 중요한 것은 물의 투명도다. 물이 맑을수록 시야 확보가 잘 되고, 피사체인 물고기에 정확히 초점을 맞출 수 있다. 반대로, 부유물이나 오염원이 많은 하천에서는 초점이 부유물에 맞거나 물고기가 가려져 사진 촬영이 매우 어려워진다.

강물의 투명도는 지도나 온라인 정보만으로는 알기 어렵다. 현장에 직접 가서 확인하는 수밖에 없다. 맑았던 강도 기상 변화, 공사, 오염 유입 등으로 인해 순식간에 탁해질 수 있으므로, 현장 점검은 수중촬영의 필수 준비 과정이다.

3. 유속: 너무 빠르지도, 너무 느리지도 않게

유속은 강물의 흐름 속도를 의미한다. 유속이 너무 빠르면 사람도, 물고기도 물살에 휩쓸릴 수 있어 매우 위험하다. 반면 유속이 전혀 없는 정수역은 바닥에 유기물이 쌓여 탁도가 높아지고, 수중촬영 시 물속이 뿌옇게 흐려지는 경우가 많다.

가장 이상적인 유속은 사람이 천천히 걸어도 몸을 가눌 수 있을 정도의 흐름이다. 이 정도의 유속에서는 물고기들도 자연스럽게 이동하며, 촬영자가 안정적으로 카메라를 다룰 수 있다.

4. 수심: 30cm~1m, 가장 안정적인 깊이

촬영하려는 강의 수심도 중요한 조건 중 하나다. 수심이 너무 얕으면 물고기와 촬영자의 눈높이가 맞지 않아 자연스러운 구도가 나오기 어렵다. 반대로 수심이 너무 깊으면 숨을 참아야 하는 시간이 길어져 촬영에 어려움이 생긴다. 또한 수심이 깊을수록 햇빛이 약해지고, 사진이 어둡거나 노이즈가 심해질 가능성도 커진다.

경험적으로 가장 적당한 수심은 30cm에서 1m 사이다. 전문적인 스쿠버 장비가 없다면, 수심 1m를 초과하는 지역은 피하는 것이 좋다.

맺음말

수중촬영은 방수카메라 하나로 떠나는 작은 모험이지만, 자연과 조화롭게 호흡하기 위해서는 날씨, 수질, 유속, 수심이라는 복합적인 조건을 세심하게 고려해야 한다. 좋은 결과물을 얻기 위해, 그리고 무엇보다 자신의 안전을 지키기 위해, 수중촬영을 떠나기 전에는 이 네 가지 조건을 꼭 점검해 보길 추천한다.

우리 고장의 민물고기 사진전

첫 사진전을 열기 전까지, 내가 찍은 민물고기 사진을 공유할 수 있는 유일한 공간은 SNS뿐이었다. 사진전은 꿈처럼 그리던 일이었지만 기회는 쉽게 찾아오지 않았고, 사진들은 외장하드에 차곡차곡 쌓여 가기만 했다.

그러던 어느 날, 운이 좋게도 민물고기 생태교육을 도와드렸던 경기도의 한 지역환경단체에서 연락을 주셨다.

"지역 축제에서 민물고기 사진전을 열어 보는 건 어때요?"

뜻밖의 제안 덕분에, 나는 경기광주역 앞 광장에서 생애 첫 민물고기 사진 전시회를 개최할 수 있었다.

생애 첫 전시

이젤 위의 사진들

전시회의 제목은 '우리 고장의 민물고기 사진전'이었다. 경기광주역 인근에 흐르는 경안천과 곤지암천에 서식하는 민물고기들의 모습을 담은 사진들을 선보였다. 전시 공간은 역사와 천막 사이의 한쪽 공간이었다. 큰 사진들은 이젤에 세워 전시했고, 자리 부족으로 작은 사진들은 화단 위나 길목 곳곳에 놓았다.

내가 꿈꾸던 멋진 실내 전시회는 아니었지만, 야외 전시회만의 생동감과 자유로움이 가득한 자리였다.

첫 전시회를 축하하기 위해 부모님과 지인분들이 찾아와 주셨고, 삼촌께서도 전화로 축하 인사를 전해 주셨다. 생각보다 많은 관객들이 전시장을 찾아와 놀랐고, 그들과 나누는 대화 하나하나가 내게는 큰 기쁨이었다.

모래무지 수중촬영 사진을 보며 "물고기와 수평을 맞췄다면 더 좋았을

잔디 위의 사진들

것 같아요."라는 조언을 건네주신 분도 있었고, 얼룩동사리 사진에 관심을 보이며 물고기에 대해 자세히 질문하는 분도 있었다.

내가 찍은 사진을 통해 사람들과 이야기할 수 있다는 사실, 그리고 사람들이 민물고기에 호기심을 갖는 모습을 보는 것, 그 모든 순간이 반가웠다. 아침 일찍부터 준비했던 하루는, 관객들과 소통하는 동안 어느새 해가 저물고 있었다.

첫 사진전을 경험하며, 이번 전시가 내게 어떤 의미였는지 되돌아보게 되었다.

첫 번째는, 내가 사진을 찍을 때 느꼈던 감정과 이야기를 사람들과 직접 나눌 수 있었다는 점이었다. 어떤 환경에서 물고기를 만났는지, 어떤 상황 속에서 사진을 찍었는지, 이야기를 풀어 놓을 수 있었던 시간은 참

따뜻하고 소중했다.

두 번째는, 민물고기라는 존재를 사람들에게 알릴 수 있었다는 점이었다. 평소에는 쉽게 볼 수 없는 민물고기의 모습을 사진을 통해 가까이서 보여 줄 수 있었고, 사람들이 우리 하천의 생태에 조금이라도 관심을 갖게 되었다는 사실이 무척 뿌듯했다.

물론, 아쉬운 점도 있었다. 이번 전시는 축제의 일부로 열린 행사였기에, 사진을 전시할 수 있는 공간이 충분하지 않았다. 이젤에 세우지 못한 작은 사진들은 길목이나 화단 위에 덩그러니 놓을 수밖에 없었고, 그 모습이 내내 마음에 걸렸다.

다음에는, 처음 기획 단계부터 몇 장의 사진을 전시할지, 어느 정도 공간이 필요한지, 어떻게 배치할지를 꼼꼼히 계획해야겠다는 다짐을 하게 되었다. 사진 한 장, 한 장이 그 자체로 빛날 수 있는 전시를 열고 싶다는 생각이 들었다.

'우리 고장의 민물고기 사진전'은 비록 작은 시작이었지만, 내게 많은 것을 가르쳐 주었다. 처음으로 내 사진이 사람들과 호흡하고, 내 이야기가 세상과 연결되는 순간이었다.

앞으로도 나는 민물고기의 세계를 세상에 전하기 위해 한 걸음 한 걸음, 조심스럽고도 단단하게 나아가고 싶다.

어느 멋진 날, 물고기의 하루

이화여대 에코크리에이티브 과정 중, 각자가 생태 동화를 만드는 '융합에코과학'이라는 수업이 있었다. 수업에는 다양한 전공을 가진 사람들이 모였는데, 그곳에서 한 자연사박물관에서 일하고 계신 선생님을 만날 수 있었다.

내가 민물고기 수중촬영을 한다는 이야기를 듣고, 선생님께서는 감사하게도 이렇게 제안해 주셨다.

"우리 박물관 별관에서 개인전 한번 열어 보는 건 어때요?"

자연사박물관에서의 개인전. 이런 멋진 기회를 놓칠 수는 없었다.

얼마 후, 수업을 듣는 학생들과 함께 선생님이 일하고 계신 자연사박물관을 견학했다. 박물관 안에는 화석과 광물, 그리고 움직이는 공룡 모형까지 다양한 전시물들이 전시되어 있었다. 선생님께서는 박물관을 안내해 주신 뒤, 내가 전시를 열게 될 별관을 보여 주셨다.

별관은 1층과 2층 모두 비어 있었고, 내 사진전이 열릴 공간은 1층 한쪽 벽면이었다. 실제 전시 공간을 보고 나니, 빨리 사진을 고르고 전시 구상을 하고 싶어졌다. 나는 별관 구석구석을 사진으로 남기고, 심지어 동영상까지 촬영해 가며 전시 준비를 시작했다.

집에 돌아오자마자 가장 먼저 한 일은 수천 장의 사진 중에서 전시할 사진을 고르는 작업이었다. 민물고기의 자연스러운 일상을 담고, 관람객들이 사진을 통해 물고기와 교감할 수 있는 사진을 고르고 싶었다.

며칠 동안 고민하고 또 고민한 끝에 총 스무 장의 사진을 추려낼 수 있었다. 그 다음은 전시회의 제목을 정하는 일이었다. 여러 후보를 떠올렸지만 쉽게 결정을 못하던 내게, 선생님께서 아이디어를 주셨다.

"어느 멋진 날, 물고기의 하루. 어때요?"

바로 내가 사진을 통해 전하고자 했던 그 마음이었다. 물고기들이 사람의 방해 없이 평온한 하루를 보내는 모습. 그 뜻을 제목에 고스란히 담을 수 있었다.

물론 준비 과정이 순탄하지만은 않았다. 전시가 열리는 자연사박물관은 집에서 왕복 5시간 가까이 걸렸기에, 자주 찾아뵙고 진행 상황을 챙기기 어려웠다. 사진 출력과 설치는 원래 작가가 직접 해야 했지만, 선생님께서 대부분을 혼자 맡으셔야 했고, 통화와 메시지로만 소통하다 보니 오해가 생기기도 했다.

설치가 끝난 후 현장을 방문했을 때, 사진의 가장자리가 예상보다 잘려 있는 것도 발견했다. 조율이 아쉬운 부분도 있었지만, 그럼에도 불구하고 선생님의 열정과 도움 덕분에 두 번째 전시회가 무사히 열릴 수 있었다.

자연사박물관에서의 개인전은 나에게 많은 것을 가르쳐 주었다. 전시는 처음부터 끝까지 작가가 주도적으로 챙겨야 한다는 것. 그리고, 한 번의 전시가 열리기까지 수많은 사람들의 도움이 필요하다는 것.

어렵고 서툴렀지만, 덕분에 나는 한 걸음 더 성장할 수 있었다.

"어느 멋진 날, 물고기의 하루."

그날의 물고기처럼, 나 역시 누군가의 따뜻한 응원 속에서 나만의 하루를 만들어 가고 있었다.

〈어느 멋진 날, 물고기의 하루〉 리플렛

두 번째 전시회

전시회 전체 모습

전시회 왼쪽

전시회 오른쪽

자연에 빠지다

 대학원 강의를 듣던 어느 날, 교수님께서 자연을 사랑하는 사람들을 모아 전시회를 열 계획이라는 이야기를 들려주셨다. 석사 졸업 논문을 준비 중인 바쁜 시기였기에 처음에는 망설였지만, 자연을 사랑하는 사람들이 함께 만드는 전시회라니, 나에게 둘도 없는 기회처럼 느껴졌다.
 "저도 참여하겠습니다!"
 그때부터 나는 '자연에 빠지다' 전시회의 운영팀에 합류해 전시회 구상부터 설치까지 모든 과정을 함께하게 되었다.
 '자연에 빠지다' 전시회는 자연을 사랑하는 사람들(자연 덕후)이 이화여대 자연사박물관에 모여, 박스를 이용해 자신만의 전시 구조물을 만들고 직접 사진을 인화하여 전시하는 자기주도형 전시회였다. 처음에는 단순히 신나는 마음으로 시작했지만, 막상 전시를 기획하고 구상하는 일은 생각보다 쉽지 않았다.
 우리는 여러 번 모여 회의를 했고, 그때마다 전시회의 형태가 조금씩 바뀌었다. 하지만 한 가지 중심 아이디어만은 확고했다.
 "재활용품과 박스를 이용해, 자연을 생각하는 전시회를 만들자."
 페이스북을 통해 참여자를 모집했는데, 예상보다 많은 25명의 작가(자연 덕후)들이 모였다. 이들은 박물관이 휴관하는 주말 동안 밤낮을 가리지 않고 참여해, 자신만의 박스 구조물을 구상하고 설치했다.

만든 액자가 천장에서 줄줄이 이어진 구조, 냉장고 박스를 재활용한 사진 병풍 등, 모두가 자연을 향한 애정을 가득 담아낸 작품들이었다.

나는 교수님, 박사님과 함께 박스 계곡이라는 구조물을 만들었다. 교수님께서 "습지를 형상화해 보는 건 어때?"라는 아이디어를 주셨고, 우리는 고민 끝에 계단식으로 내려오는 두 개의 박스 벽을 세워 작은 계곡을 형상화한 구조를 만들었다.

군데군데 박스가 튀어나오고 들어가도록 입체감을 주었고, 가장 높은 곳은 또 다른 박스로 막아 하나의 자연스러운 공간처럼 꾸몄다. 교수님은 계곡 왼쪽의 바깥쪽 벽을, 박사님은 계곡 왼쪽의 안쪽 벽을, 나는 오른쪽 벽을 맡았다.

전시물 안쪽

전시물 바깥쪽

나는 단순히 사진을 붙이는 것만으로는 만족할 수 없었다. 사람들에게 물속에서 물고기들과 함께 있는 듯한 느낌을 전하고 싶었기 때문이다. 그래서 박스의 앞면을 파낸 뒤, 그 안에 센서등을 설치하고 사진을 붙였다. 사진 속 물고기들이 햇살 아래 헤엄치는 듯한 느낌을 주기 위해서였다.

빛을 활용한 전시

또한, 튀어나온 박스 위쪽을 열고 안쪽에 사진을 붙여, 마치 물 위에서 물고기를 내려다보는 듯한 구도를 만들었다. 센서등을 활용한 이 연출은 다행히도 관람객들의 눈길을 끌기에 충분했다.

전시를 마무리하던 순간, 계곡 벽면에 남은 허전한 여백이 눈에 들어왔다. 나는 고민 끝에, 마커펜을 꺼내 들었다. 박스 안쪽, 나의 전시가 시작되는 공간부터 나의 이야기를 손글씨로 적어 내려갔다.

"그 작은 카메라와 수경 하나로 나는 더 큰 세상을 마주할 수 있었다.
찰랑이는 수면 아래의 세상은 모든 것이 새로웠다.
…그렇게 물고기들이 다가오길 기다리는 수 시간이 전혀 지루하지 않아서,
하루에 적게는 300장, 많게는 800장의 사진을 찍고 정리하는 일이
아직도 너무 재미있어서 오늘도 나는 민물고기의 덕질을 관둘 수 없다."

'자연에 빠지다' 전시회는 나에게 단순한 참여 이상의 의미를 남겼다. 내가 민물고기를 사랑해 온 시간과 경험들을 많은 사람들과 나눌 수 있는 소중한 자리였고, 동시에 우리나라에도 이렇게 많은 자연 덕후들이 있다는 사실을 처음으로 실감한 기회였다.

초등학생부터 성인까지, 자연을 사랑하는 다양한 사람들의 이야기를 들을 수 있었고, 그들의 덕질과 열정은 내게 큰 울림을 주었다. 전시회를 다녀간 많은 관람객들은 "자연 덕후들의 자연을 향한 깊은 사랑을 느낄 수 있었다"고 말해 주었다.

그리고 나 역시, 내가 물고기를 얼마나 좋아하는지, 그 마음을 사람들과 공유하고 싶어 얼마나 애써 왔는지를 스스로 다시 한번 깨달을 수 있었다.

'자연에 빠지다' 전시회는 내가 자연을 향해 품었던 사랑과, 그 사랑을 사람들과 나누는 즐거움을 더 크게 만들어 준 특별한 경험이었다.

◀ 전시물 설명 영상(QR 코드)

포토월 앞에서

걸개 전시 앞면

걸개 전시 뒷면

낮게 더 낮게

　사람들은 대개 수면보다 훨씬 높은 시선에서 물고기를 바라본다. 물 밖에서 물고기를 관찰하는 일이, 물속으로 들어가 그들과 눈높이를 맞추는 일보다 훨씬 많다.

　물고기들과 같은 높이에서, 같은 시선으로 그들의 일상을 들여다보려는 사람은 그리 많지 않을 것이다. 하지만 나는, 물고기들과 같은 세계를 살짝이라도 더 가까이 들여다보고 싶어서 하천 바닥 가까이, 가능한 한 낮게 내려간다.

　나 역시 처음에는 다른 연구자들처럼 족대를 이용해 민물고기를 채집하고, 물 밖에서 관찰하는 방법을 따라했다. 채집한 물고기는 아크릴 촬영 어항에 넣어 밖에서 바라보며 기록했다.

　그러다 어느 순간, 이 방법으로는 결코 물고기의 '일상'을 볼 수 없다는 생각이 들었다. 물고기들의 진짜 모습을 관찰하려면, 결국 내가 물속으로 들어가야 한다는 깨달음에 이르렀다.

　방수카메라를 장만한 뒤, 나는 가슴장화를 신고 얕은 하천으로 들어가 쪼그려 앉은 채 카메라만 물속에 넣어 촬영을 시작했다. 최대한 수면과 평행한 눈높이를 맞추기 위해 턱이 물에 닿을 듯 말 듯 몸을 낮췄다. 물속 카메라 화면을 들여다보며, 조심조심 셔터를 눌렀다.

그러나 시간이 지날수록 알게 되었다. 더 가까워지고 싶다면, 더 낮게 내려가야 한다는 것을.

결국 가슴장화를 벗어 던지고, 수경을 끼고 강물 속으로 직접 잠수하기 시작했다.

숨을 천천히 내뱉어 폐 속의 공기를 최대한 빼내면, 몸이 천천히 가라앉는다. 그렇게 물속 바닥 가까이 내려가야 비로소 물고기들의 시선으로, 그들의 세계를 바라볼 수 있었다.

내가 이렇게까지 몸을 낮추려는 이유는 명확하다. 내 키가 높으면 높을수록, 내 몸이 수면 위로 많이 드러날수록, 물고기들은 나를 백로나 왜가리 같은 포식자로 인식하고 멀리 도망쳐 버리기 때문이다.

야생동물을 관찰할 때 거리를 유지하는 것처럼, 물고기를 관찰할 때에는 몸을 가능한 한 낮추어 그들의 경계를 풀어야 한다. 나 또한, 한 마리의 물고기가 되어야 했다. 그렇게 그들의 시선에 나를 맞추고, 그들의 일상을 조용히 지켜볼 수 있었다.

처음에는 알지 못했다. 하지만 관찰하고자 하는 대상을 깊이 생각하고, 그들의 입장에서 고민하는 시간이 쌓이면서 관찰 방법도, 촬영 방법도 한 걸음, 한 걸음 발전해 나가기 시작했다.

물 속으로, 조금 더 깊숙이.

조금 더 조심스럽게.

그렇게 나는 물고기들의 하루를, 그들과 같은 눈높이에서 바라볼 수 있었다.

낮게 더 낮게

물속에서 가장 행복한 나

물고기와 눈을 맞추다

ⓒ 명라연, 2025

초판 1쇄 발행 2025년 7월 10일

지은이 명라연
사진   명라연
펴낸이 이기봉
편집   좋은땅 편집팀
펴낸곳 도서출판 좋은땅
주소   서울특별시 마포구 양화로12길 26 지월드빌딩 (서교동 395-7)
전화   02)374-8616~7
팩스   02)374-8614
이메일 gworldbook@naver.com
홈페이지 www.g-world.co.kr

ISBN 979-11-388-4441-3 (03810)

- 가격은 뒤표지에 있습니다.
- 이 책은 저작권법에 의하여 보호를 받는 저작물이므로 무단 전재와 복제를 금합니다.
- 파본은 구입하신 서점에서 교환해 드립니다.